Günther Thomé

Deutsche Orthographie

— historisch
— systematisch
— didaktisch

Grundlagen der Wortschreibung

54 farbige Abbildungen und Tabellen

2., verbesserte Auflage

isb-Fachverlag

Bibliografische Information der
Deutschen Nationalbibliothek
Die Deutsche Nationalbibliothek verzeichnet diese Publikation in der Deutschen Nationalbibliografie; detaillierte bibliografische Daten sind im Internet über http://dnb.d-nb.de abrufbar.

2., verbesserte Auflage 2019
1. Aufl. 2018

Werbachstr. 16, 26121 Oldenburg
www.isb-oldenburg.de/materialien.html
CO^2-kompensiert gedruckt in Deutschland
ISBN 978-3-94212224-5

INHALT

Abkürzungsverzeichnis und Zeichenerklärung

Anm.	Anmerkung
ger.	gerundet
ie.	indoeuropäisch
Pers.	Person
Plur.	Plural
Sing.	Singular
Verf.	Verfasser

/ / **Phoneme** stehen in Schrägstrichen. Phoneme sind systematische Sprachlaute, die für den konkreten Sprechakt in Phone (Laute) umgewandelt werden müssen und als solche nicht immer oder in anderer Form zu hören sind. Ein lang zu sprechendes o wird markiert als /oː/, ein kurz zu sprechendes o als /ɔ/.

< > In spitzen Klammern stehen die **Grapheme**. Grapheme sind systematische Schriftzeichen und können aus einem bis drei Buchstaben bestehen. Sie stehen für je einen Sprachlaut, z. B. ist das <sch> ein Graphem mit drei Buchstaben. Das <eh> ist ein Graphem mit zwei Buchstaben und steht für einen Sprachlaut (Phonem): das lange e (/eː/).

< / /> **Phonographeme** geben sowohl ein Graphem als auch das ihm entsprechende Phonem an (nach Heller 1980). Warum ist das hilfreich und wichtig? Bei einer Darstellung des Graphems <o> ist es beispielsweise unklar, ob sich das Graphem auf den Kurzvokal /ɔ/ oder den Langvokal /oː/ bezieht. Zur Vermeidung solcher Unklarheiten verwendet man die Schreibweise des Phonographems: <o/ɔ/> steht für den Kurzvokal /ɔ/, <o/oː/> für den Langvokal /oː/.

[ ] Die eckigen Klammern bezeichnen einen Sprechlaut (**Phon**), der in einem konkreten Sprechakt produziert wird.

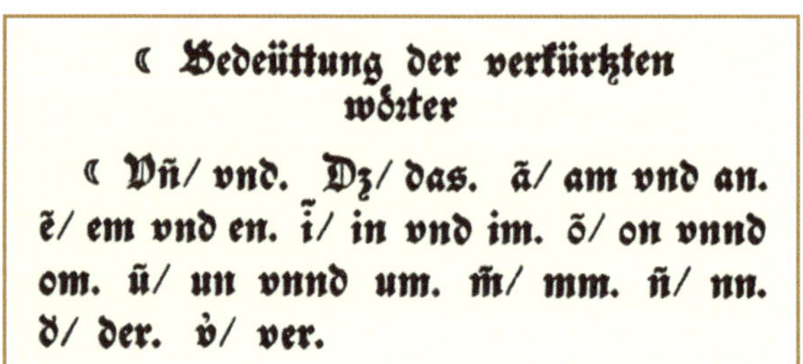
¶ Bedeüttung der verkürtzten wörter

¶ Vñ/ vnd. Dz̄/ das. ã/ am vnd an. ẽ/ em vnd en. ĩ/ in vnd im. õ/ on vnnd om. ũ/ un vnnd um. m̃/ mm. ñ/ nn. d/ der. v/ ver.

Abb. 1: „Bedeüttung der verkürtzten wörter“ (Jordan 1533, Blatt B IIIr, hier Reprint von 1987, S. 31)

Wissen zu erwerben,
ohne über das Erlernte nachzudenken, ist sinnlos;
nur nachzudenken, ohne zu lernen,
führt zu gewagten Überlegungen.
Konfuzius

Danksagung

An dieser Stelle möchte ich mich ganz herzlich bei folgenden Wissenschaftlerinnen und Wissenschaftlern bedanken, von denen ich viel lernen konnte, die mein wissenschaftliches Denken nachhaltig geprägt und die mich vielfach unterstützt haben: PETER EISENBERG, RENATE VALTIN, GERHARD AUGST und WOLFGANG EICHLER (in chronologischer Reihenfolge des Kennenlernens).

Außerdem gilt mein Dank den Professorinnen und Professoren, bei denen ich vor meinem Studium der Germanistischen Linguistik über mehrere Jahre Sumerisch, Babylonisch-Assyrisch, Hethitisch, Phönizisch-Punisch, Hebräisch, Griechisch, Altägyptisch und Ungarisch studieren konnte.

Besonders herzlich bedanke ich mich bei meiner Frau, Dr. Dorothea Thomé, ohne die dieses Buch und viele andere Projekte sicherlich nicht zustande gekommen wären.

Oldenburg, im März und Dezember 2018

Günther Thomé

Einleitung

Im Vorwort zur „Anweisung zur Teutschen Orthographie“ schreibt Hieronymus Freyer (1728):

> **Geneigter Leser/**
> Eine Teutsche Orthographie schreiben wollen/ ist eine Sache/ wobey sich im Fortgange mehr Schwierigkeiten äussern/ als man anfangs dencken möchte. Man hat zu thun/ daß man dabey mit sich selbst einig werden kann: geschweige/ daß man andere völlig und ohne Ausnahme vergnügen solte. Inzwischen ist es doch keine unnöthige oder unnützliche Bemühung … (Freyer 1728, Vorrede, Blatt 2r)

Die treffende Bemerkung Freyers gilt damals wie heute. Da ich allerdings sicher bin, mit dem vorliegenden Büchlein auch nicht alle *anderen völlig und ohne Ausnahme zu vergnügen*, muss ich mich damit zufriedengeben, wenigstens mit mir selbst einig zu werden. Zwar gelingt auch das nicht in jeder Hinsicht – 1.000 und mehr Seiten würde das Thema „Deutsche Orthographie“ leicht hergeben – aber in der heutigen schnelllebigen Zeit findet man selten noch genügend Muße, so dicke Bücher zu schreiben. Und wer will schon so viel über Orthographie lesen?

In der letzten Zeit sind einige Bücher mit dem Titel „Deutsche Orthografie“ erschienen. Das jüngste Werk von Peter Eisenberg (2017) bietet eine knappe Zusammenfassung seiner ausführlichen Arbeiten zur Schriftsprache. Die sicherlich umfangreichste und ausführlichste Darstellung zur deutschen Orthographie der neueren Zeit ist der unter der Leitung von Dieter Nerius (2000, in 4. Aufl. 2007) herausgegebene Band aus dem Dudenverlag, in dem zahlreiche renommierte Autorinnen und Autoren zu allen Teilgebieten unserer Orthographie beigetragen haben.

In diesem Rahmen kann das vorliegende Buch nur einen bescheidenen Beitrag leisten. Es versteht sich als Ergänzung, besonders durch einen schrifthistorischen Ansatz, eigene empirische Forschung und einen praxisnahen Didaktikteil. Die Bereiche Groß- und Kleinschreibung, Getrennt- und Zusammenschreibung sowie Interpunktion werden hier nur am Rande oder gar nicht behandelt. Dagegen liegt der Schwerpunkt der Ausführungen auf der Wortschreibung und der Entwicklung des Zeicheninventars. Hier versuche ich, von den frühesten Formen der Alphabetschrift bis zur heutigen Schreibung des Deutschen, die Grundzüge der Entwicklung nachzuzeichnen. Die Darlegungen münden letztlich im sprachwissenschaftlich fundierten didaktischen Basiskonzept. Dieses besteht in der Hauptsache in der Vermittlung des korrekten Verhältnisses von Phonemen und Graphemen zueinander und der Unterscheidung der Grapheme in unmarkierte und markierte.

In den Geisteswissenschaften gibt es seit jeher Richtungen oder Schulen, die zwar für ihre Lehrsätze eine gewisse objektive Geltung beanspruchen, oft durch eine trockene und weitschweifige Form der Darlegung unterstrichen, dann aber ihre Positionen gegen jegliche Kritik mit einem erstaunlichen Eifer verteidigen. Ich freue mich über Widerspruch mit nachvollziehbaren Argumenten, der eine wissenschaftliche Diskussion in Gang hält, und natürlich auch über Zustimmung.

Die Frage, wie die deutsche Orthographie strukturiert sei und wie sie funktioniert, scheint auf den ersten Blick müßig. Schließlich gibt es doch Rechtschreibwörterbücher, Rechtschreibregeln und eine Rechtschreibung selbst, die sich in – zumindest gedruckten – Texten einigermaßen einheitlich manifestiert. Streit über wesentliche Züge der Rechtschreibung kommt eigentlich nur auf, wenn eine Reform geplant ist oder frisch umgesetzt wurde.

Wenn es allerdings darum geht, Rechtschreibung zu unterrichten, können Kontroversen auftreten, die zu erhitzten Debatten führen. Hier kann man staunen, wie viele verschiedene Facetten „so ein einfaches Ding“ wie die Rechtschreibung aufweist!

In allen Kapiteln können manche Gedanken und Formulierungen enthalten sein, die ich in ähnlicher Form andernorts schon veröffentlicht habe. Beispielsweise habe ich bereits in meinem Beitrag „Warum man das Schriftsystem des Deutschen nicht als ein silbisches beschreiben sollte“ (in einem von Katja Siekmann (2014) herausgegebenen Sammelband) Dantes Konzept zur Definition einer Schriftsprache dargelegt. Solche und ähnliche Parallelen zu anderen meiner Veröffentlichungen bitte ich die Leser, zu entschuldigen. Aber ohne den Rückgriff auf schon einmal geäußerte Gedanken hätte hie und da etwas gefehlt.

Im vorliegenden Band wird aus Gründen der besseren Lesbarkeit vorwiegend die männliche Form verwendet, wenn weibliche und männliche Personen gemeint sind. Die weibliche Form ist aber immer mitgedacht.

Mit einem Zitat von Fabian Frangk (1540) seien diese Vorbemerkungen abgeschlossen:

> **In deme das wir zum teill andere sprache ergründen vnd meistern wollenn/ die wir vnser eigene noch nye gelernt noch verstanden haben. Demselben nach/ sol diß kleine Büchlin al den jenigen/ denen diß thun hertzlich vnd angenehm ist/ auch hiemit angezeigt sein/ zu einer erinnerung jme weiter mit ernst nachzudencken. (Frangk 1540, Blatt C IVv)**

1 Schrift und Orthographie unter historischer Perspektive

1.1 Was ist Schrift?

Seit vielen Jahrtausenden ist neben Gestik und Mimik die Sprache das bevorzugte menschliche Kommunikationsmittel. Menschliche Sprache wird üblicherweise gesprochen. Doch wenn die Schallwellen verklungen sind, die das gesprochene Wort vom Sprecher zum Hörer transportieren, bleibt außer einer mehr oder weniger kurzlebigen Erinnerung im Kopf der Beteiligten nichts mehr übrig. Das kann in einigen Fällen unerheblich sein, in anderen aber nicht. Wenn sich z. B. ein Lagerverwalter mündlich mit seinen Mitarbeitern über den Bestand an Wein- und Getreidebehältern verständigt hat, dann aber nach einiger Zeit der Abwesenheit darüber staunen muss, dass diverse Partien fehlen, auch wenn die Mitarbeiter versichern, es sei alles so, wie zuvor besprochen. Ebenso kann es ein Problem sein, einem Boten eine Nachricht anzuvertrauen, die er an einem entfernten Ort überbringen soll, wenn dieser Ort erst nach mehrtägiger und einer unter Umständen nicht ungefährlichen Reise erreicht werden kann. Wird die Nachricht, wenn überhaupt, einigermaßen korrekt zum Adressaten gelangen? Diese und ähnliche Situationen bildeten im alten Mesopotamien und auch anderswo einen Anlass, wichtige Informationen **schriftlich** festzuhalten.

In der Frühphase einer Schrift haben die meisten Zeichen noch bildhaften Charakter. Aber man kommt bald an die Grenzen bildhafter Schriftzeichen, wenn es etwa um Dinge geht, die nicht eindeutig bildlich darstellbar sind wie Abstrakta oder grammatische Elemente. Andererseits weisen alle Sprachen mindestens einige tausend unterschiedliche Wörter auf, aber die Zahl der bildhaften Zeichen ist nicht unbegrenzt vermehrbar. Denn zu viele unterschiedliche Zeichen müssten entweder sehr groß sein, um genügend unterscheidbare Elemente zu enthalten, oder die Formvarianten würden mit ansteigender Zahl so klein, dass sie vom Leser kaum noch erkannt werden könnten. Hinzu kommt, dass sich die meisten Menschen nur eine begrenzte Zahl von Schriftzeichen merken können, in der Regel nur wenige hundert, das ist schon viel. Selbst die **chinesische Schrift**, die oft als Beispiel für eine Schrift mit mehreren tausend unterschiedlichen Zeichen angeführt wird, besteht aus rund 220 Grundzeichen. Alle weiteren Zeichen sind Kombinationen aus zwei bis vier dieser Grundzeichen, durchaus vergleichbar mit Wörtern in alphabetischen oder Silbenschriften.

Sind die Höhlenmalereien bereits Vorläufer der Schrift? Grundsätzlich besteht ein wesentlicher Unterschied zwischen bildlichen oder figürlichen Darstellungen, die man allgemein als Kunstwerke bezeichnet, und schriftlichen Aufzeichnungen, auch wenn diese in ihrer Frühform künstlerischen Darstellungen ähneln. Das Kunstwerk – Gemälde, auch schon die Höhlenmalereien, die Zeichnung oder die Plastik – steht für sich selbst, auch wenn es mit Dingen der realen Welt assoziiert werden kann. Es hat ohne konkreten Bezug zu diesen Objekten einen eigenen Wert, das Schriftzeichen nicht.

Was macht ein Schriftzeichen zum Schriftzeichen? Ein Zeichen wird erst durch das „Für-etwas-Stehen“ zu einem Schriftzeichen. Ohne diese Eigenschaft bleibt es ein nur visuell wahrnehmbares Formengebilde. Die Zeichen auf dem *Diskos von Phaistos* (s. Abbildung 2) sind bis heute nicht entziffert und können daher, so sehr auch ihre Anordnung auf der Scheibe nach einem Text aussieht, lediglich als graphische Zeichen wahrgenommen werden.

Abb. 2: Diskos von Phaistos, Vorderseite (Doblhofer 1964, S. 260)

Muss das „Für-etwas-Stehen“ immer eindeutig sein und immer auf dieselbe Weise gelten?

In Mesopotamien des dritten Jahrtausends v. Chr. entwickelten die dort ansässigen **Sumerer** eine Schrift, die später **Keilschrift** genannt wird und von den kulturellen Erben der Sumerer für deren semitische Sprache weiterentwickelt und angepasst wurde. Die sumerische Sprache ist mit keiner anderen bekannten Sprache verwandt und gilt deshalb als isoliert. Die Nachfolger der Sumerer, die die Keilschrift modifizierten, nennen wir **Akkader** oder **Babylonier-Assyrer** (nach den beiden Sprachvarianten des Akkadischen). Allerdings liegen die meisten Keilschrifttexte (mehrere 100.000 Tontafeln) in babylonischer Sprache vor.

Die Keilform der Schriftzeichen kam dadurch zustande, dass mit einem dreieckig angespitzten Griffel in weichen Ton ein Keil eingedrückt wurde und dieser dann mit der Spitze des Griffels zu einer Linie verlängert wurde. Die meisten Zeichen bestehen aus mehreren Keilen und stehen für

- einzelne Vokale wie a, i, u oder e,
- für Silben vom Typ:
  - Konsonant + Vokal wie na, ba,
  - Vokal + Konsonant wie el, am,
  - seltener: Konsonant + Vokal + Konsonant wie lum.

Lediglich alleinstehende Konsonanten kann die Keilschrift nicht darstellen.

Abb. 3: Keilschriftlicher Brief, nicht ganz 4.000 Jahre alt, in anschaulicher Größe, mit erkennbarem Rest der Briefhülle (rechts außen)

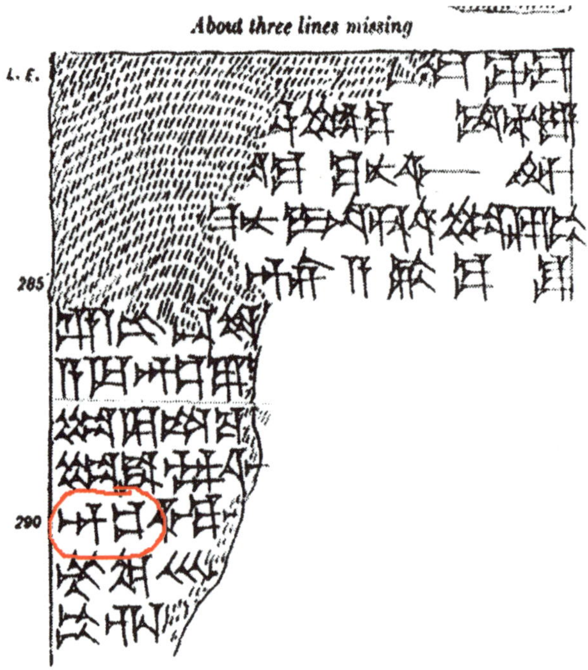

The Yale Tablet.

Abb. 4: Textfragment aus dem Gilgamesch-Epos (Jastrow & Clay 1920, S. 74, rote Hervorh. vom Verf.)

In einer Version des akkadischen Gilgamesch-Epos findet sich an diversen Stellen, an denen man aus dem Textzusammenhang den Namen *Gilgamesch* erwarten würde, die hier (s. die Abbildungen 4 und 5) dargestellte Zeichenfolge.

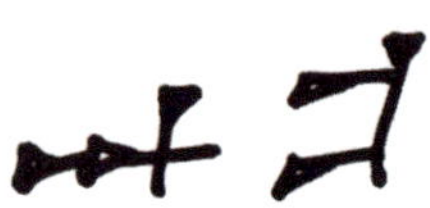

Abb. 5: Die keilschriftliche Zeichenfolge ^{d}GIŠ (vgl. a. die umrandeten Schriftzeichen in der Abbildung 4)

Das erste Zeichen  steht üblicherweise als Determinativ vor Götternamen und wird in der Umschrift hochgestellt als ^{d} geschrieben. Da *Gilgamesch* zu zwei Dritteln als Gott angesehen wurde, entspricht dieses Zeichen vor seinem Namen durchaus den Erwartungen. Allerdings ist das folgende Zeichen zunächst nicht einfach zu deuten.

Das Zeichen  wird als Sumerogramm GIŠ (GISCH) gelesen und bedeutet *Holz*. Nun ergibt eine Interpretation dieser Stelle des Keilschrifttextes als *göttliches Holz* wenig Sinn. Wenn man allerdings hier die Abkürzung des im Text häufig auftretenden Namens *Gilgamesch* sieht, dann kann man GISCH als eine Abkürzung für GI(lgame)SCH lesen.

Ebenso können sich durch die Verwendung sumerischer Zeichen mit akkadischen Lautwerten anstatt ihrer sumerischen Benennungen verschiedene Varianten in der akkadischen Schriftbedeutung ergeben.

So kann beispielsweise das ursprünglich sumerische Zeichen GA, das im Sumerischen *Milch* bedeutet, im Akkadischen auch als Wortzeichen mit derselben Bedeutung wie im Sumerischen verwendet werden, allerdings nun mit der babylonischen Lesung *šizbu*, dem babylonischen Wort für *Milch*. Daneben kann aber dasselbe Zeichen mit dem sumerischen Lautwert GA babylonisch als *ga*, ***qá*** oder *kà* gelesen und dann z. B. als ein Bestandteil der Wortform ***qá-qá****-ad-ka* mit der Bedeutung *dein Kopf* gebraucht werden.

Abb. 6: Keilschriftzeichen „GA“, sumerisch für Milch, akkadisch „šizbu“ oder als Lautzeichen ***qá*** *(Labat 1976, Zeichen 319, S. 145)*

Das bedeutet, man konnte im Akkadischen weder lesen noch schreiben lernen, ohne über einigermaßen solide Grundkenntnisse des Sumerischen, zumindest in der Zeichen- und Wortkunde, zu verfügen. Die Beispiele zeigen, dass die Keilschriftzeichen nicht immer auf dieselbe Weise interpretiert werden können.

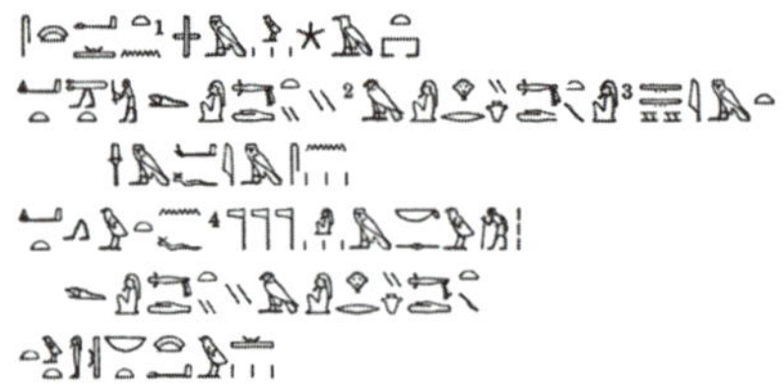

sḫꜥ tn ꞽmyw dwꜣt.
dꞽ·t ꞽt Sbk Šdty Ḥr ḥry-ꞽb Šdt tꜣwy ꞽm·t,
sḫm·f ꞽm·sn.
dꞽ·t ꞽwt n·f nṯrw m ksw (§ 77, 1)
Sbk Šdty, Ḥr ḥry-ꞽb Šdt.
twt (§ 64, Obs.) *nbt ḫꜥw.*

Abb. 7: Ausschnitt aus einem altägyptischen Hieroglyphentext, der nur aus Konsonantenzeichen besteht, wie die Umschrift von Gardiner *(1978, S. 381) zeigt, auch das scheinbare i mit Häkchen sowie das y stehen für konsonantische Laute*

Die akkadische Keilschrift schreibt ganz ausführlich Konsonanten und Vokale, ganz **im Unterschied zur Hieroglyphenschrift**, die nur Konsonanten und Konsonantenverbindungen schreibt (s. Abbildung 7), weswegen bis heute die vollständige Lautform vieler altägyptischer Wörter nicht bekannt ist.

Die akkadische Keilschrift ist keine Vorstufe und kein Vorläufer der Alphabetschrift. Sie kommt vor gut 2.000 Jahren als **Silbenschrift zu ihrem Ende**.

Auch in **Japan** wird eine gemischte Silben- und Wortschrift verwendet. Die beiden Silbenschriften, Katakana und Hiragana, enthalten nur Silbenzeichen und ein Zeichen für den Konsonanten /n/. Diese werden ergänzt durch Wortzeichen aus der chinesischen Schrift, Kanji genannt. Das folgende Beispiel zeigt, dass es auch hier unterschiedliche Lesungen für dasselbe Zeichen geben kann.

Der bekannteste Berg Japans wird außerhalb des Landes meist *Fujiyama* oder auf Deutsch *Fudschijama* genannt, was so viel heißt wie *Berg Fuji*. In einer der beiden japanischen Silbenschriften, in Katakana, würde fuji als フジ geschrieben und yama (*Berg*) in der Form ヤマ. Diese Schreibung ist aber nicht gebräuchlich. Stattdessen wird der Name des Berges unter Verwendung eines Kanji-Zeichens aus der chinesischen Schrift geschrieben. Diese Zeichen können sowohl mit ihrem semantischen Wert, also mit der Bedeutung, als auch mit dem Lautwert übernommen werden. Das Zeichen für *Berg* sieht im Chinesischen folgendermaßen aus 山 und lautet im Chinesischen *shān*. Man könnte nun die Zeichenfolge フジ 山 als *Fujiyama* lesen, was etwa *Berg Fuji* bedeuten würde. Da aber dieser Berg in Japan als heiliger Ort angesehen wird, ist die Lesung *Fujisan* deutlich bevorzugt. Dem Lautwert der chinesischen Lesung des Zeichens 山 *shān* ist im Japanischen der Lautwert *san* einigermaßen ähnlich, wobei *san* in diesem Kontext etwa *ehrwürdig* bedeutet. Da die Lesung *Fujiyama* für die Zeichenfolge フジ 山 (*Berg Fuji*) allgemein als zu profan empfunden wird, präferiert man die Lesung *Fujisan*. Bei anderen Bergen Japans, die nicht diese herausragende religiöse Wertigkeit wie der *Fujisan* haben, kann das Zeichen 山 durchaus als *yama* (*Berg*) gelesen werden.

Zusammenfassung

Jede Schrift bezieht sich – außer in ihrer Anfangsphase – wesentlich auf lautliche Elemente der zu schreibenden Sprache.

Die meisten Schriftzeichen sind Symbole für sprachliche Einheiten auf der lautlichen Ebene. Die Schriftzeichen sind damit sekundär und nur über die entsprechenden lautlichen Einheiten zu definieren.

Dasselbe Schriftzeichen kann in einem Schriftsystem verschiedene Bedeutungen haben.

Nicht alle lautlichen Einheiten müssen eindeutig oder überhaupt verschriftet werden.

Nicht alle Schriftzeichen sind Symbole für lautliche Einheiten, sondern können semantische, grammatische oder andere Informationen beinhalten.

1.2 Über den Zusammenhang von Sprache und Schrift

Weil nicht für jede eigenständige Sprache eine eigene Schrift entworfen wurde, gibt es mehr unterschiedliche Sprachen als Schriften. Daher wurde (und wird immer noch gelegentlich) für die Verschriftung einer Sprache ein bereits für eine andere Sprache entwickeltes Schriftsystem übernommen. Da aber die schriftgebende und schriftentlehnende Sprache in der Regel unterschiedliche Laut- und Grammatikstrukturen aufweisen, gelingt die Anpassung der Schrift an die entlehnende Sprache oft nur mehr oder weniger gut.

Wie weit und welche lautlichen Gegebenheiten der sprechbaren Sprache durch Schriftzeichen dargestellt werden, ist von zahlreichen Faktoren abhängig. Diese sind hauptsächlich:

- **Welche lautlichen Phänomene werden für die zu verschriftende Sprache als relevant angesehen?**
- **Welche grammatischen und/oder semantischen Informationen soll das Schriftsystem transportieren?**

Zur Bestimmung eines Schrifttyps gliedert man Texte in **kleinste eindeutig abgrenzbare graphische Elemente** und ordnet diesen dann sprachlichen Einheiten zu. Diese sprachlichen Einheiten können lautlicher, semantischer oder grammatischer Natur sein, gelegentlich sowohl das eine als auch das andere.

Als typische **Wort-Silbenschriften** können die sumerisch-akkadische Keilschrift und die japanische Schrift genannt werden. Beide Schriftsysteme gebrauchen neben Silbenzeichen noch eine gewisse Zahl von Wortzeichen. Das sind im ersten Fall die Sumerogramme und in der japanischen Schrift die Kanji-Zeichen aus dem Chinesischen. Interessanterweise können in beiden Fällen – obwohl komplett unabhängig voneinander – die Wortzeichen sowohl mit der Lesung der Ausgangssprache als auch mit einer Lesung der übernehmenden Sprache verwendet werden. Das entscheidende Merkmal, warum wir diese Schriften Wort-Silbenschriften nennen, liegt darin, dass die als graphische Einheiten erkennbaren Zeichen mit **Wörtern** und lautlichen Einheiten korrespondieren, die als **Silben** bezeichnet werden.

Neben Wortzeichen und Determinativen, die die Gattung des mit dem folgenden Zeichen dargestellten Gegenstandes oder der Person angeben, aber selbst keinen Lautwert bezeichnen, stehen Zeichen der akkadischen Keilschrift normalerweise je für eine Silbe des Typs:
– Konsonant + Vokal wie *ma, mi, mu* oder
– Vokal + Konsonant wie *ap, ip, up* und
– selten für den Typ Konsonant + Vokal + Konsonant wie *lim* oder *tum*.

Auch für die Vokale wie *a, i, u* oder *e* kann ein einzelnes Silbenzeichen geschrieben werden. Mehrkonsonantische An- oder Auslaute können nicht geschrieben werden, da keine Keilschriftzeichen für einzelne Konsonanten existieren. Diese Einschränkungen sind für das Babylonische und Assyrische kein Problem, da diese – wie alle anderen semitischen Sprachen – generell einfache Silbentypen bilden und mehrkonsonantische Anlaute nicht kennen. Hieraus resultieren einige Probleme bei der Schreibung des Hethitischen, das wie das Deutsche und die meisten europäischen Sprachen zur indoeuropäischen (ie.) Sprachfamilie gehört, und wie alle anderen ie. Sprachen zahlreiche Silben mit mehrkonsonantischem An- und Auslaut bildet. Johannes Friedrich bemerkt 1974 hierzu:

> Für *pa-ra-a* „vorwärts, hervor“ wird in etymologischer Verknüpfung mit idg. **prŏ* eine Aussprache **pră* vermutet und entsprechend für *te-ri-i̯a-al-la* (eine Flüssigkeit) wegen der Variante *3-i̯a-al-la* eine Aussprache **trii̯alla* angenommen. In den geschriebenen Anlauten *išp-* und *išt-* (…) sucht man gewöhnlich die gesprochenen Anlaute *sp-* und *st-* … (Friedrich 1974, S. 30 f.)

Die hier genannten Beispiele aus dem Hethitischen (das mit der akkadischen Keilschrift geschrieben wurde) zeigen, dass für Sprachen mit **mehrkonsonantischen An- und Auslauten** die Verwendung einer Silbenschrift ungünstig ist.

Neben Silben- bzw. Wort-Silbenschriften existieren noch reine **Konsonantenschriften**, die für die Schreibung der meisten semitischen Sprachen verwendet werden, und **Vokal-Konsonantenschriften**, die man auch allgemein als **Alphabetschriften** bezeichnet. Reine Vokalschriften sind nicht bekannt.

Wie für die Schreibung des Akkadischen die sumerische und für die Schreibung der griechischen Sprache die phönizische Schrift übernommen und umgestaltet wurden, so hat man für die Schreibung des Deutschen die **lateinische Schrift** entlehnt und versucht, sie entsprechend den Erfordernissen der deutschen Sprache umzuformen. Hier wurden für die Verschriftung der Konsonanten, die im Lateinischen nicht vorkommen oder nicht differenziert werden, neue zusammengesetzte Zeichen entwickelt, z. B. für den Laut /ʃ/ das Zeichen <sch> oder für /x/ das <ch>.

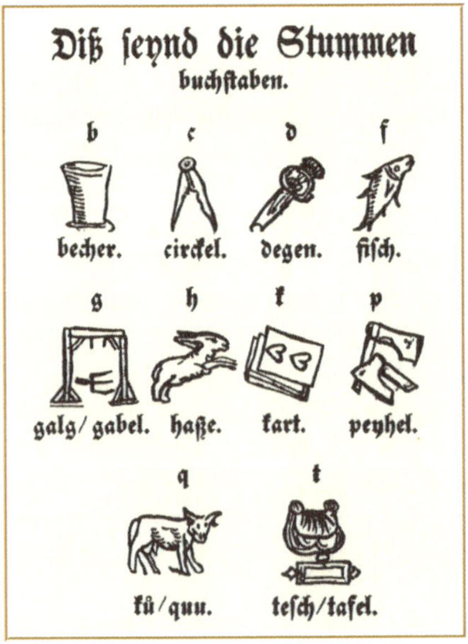

Abb. 8: Über die „Stummen buchstaben“: b (becher), c (circkel), d (degen), f (fisch), g (galg/gabel), h (haße), k (kart), p (peyhel: Beil), q (ku/quu: Kuh), t (tesch/tafel) von JORDAN *(1533, Blatt A Vr, hier Reprint von 1987, S. 19)*

Dass im Deutschen nicht die Buchstaben des lateinischen Alphabets, sondern neu geschaffene Einheiten den lautlichen Einheiten gegenüberstehen, zeigt schon eine Darstellung von Peter Jordan aus dem Jahre 1533. Obwohl er hier Wörter wie *Becher* oder *Fisch* aufführt, bemerkt er nicht, dass viele der genannten Wörter zusammengesetzte Schriftzeichen wie <ch> und <sch> enthalten. Allerdings findet man diese frühe Interpretation des deutschen Schriftsystems auch heute noch in einer Vielzahl der gängigen Abc- oder Buchstabentabellen.

Im Bereich der Vokale wurde die Schrift zwar auch nach den Erfordernissen der deutschen Sprache angepasst, aber leider in vielen Fällen nur unzureichend. So steht heute das Zeichen **e** für die drei unterschiedlichen Vokale /ə/, /eː/ und /ɛ/. Außerdem wird der Buchstabe e als Bestandteil in vielen **zusammengesetzten Graphemen** verwendet wie <i**e**>, <**e**i>, <**e**u>, <**e**h>, <i**e**h> usw. (s. die Tabellen 4 und 7, S. 69 und 92).

Gibt es Beispiele für eine mehr oder weniger perfekte Orthographie in lateinischer Schrift?

Im Ungarischen zeigen sich sehr interessante Verhältnisse zwischen Lautung und Schreibung. Zunächst ist zu bemerken, dass die ungarische Sprache nicht zur indoeuropäischen (ie.) Sprachfamilie gehört und daher viele – in ie. Sprachen übliche – Lautveränderungen, die grammatische Prozesse nach sich ziehen, nicht kennt. Dieses ist offenbar für die Verschriftung mit der lateinischen Alphabetschrift ein Vorteil. Im Ungarischen gibt es keine Flexion. Alle Wortformen werden aus recht stabilen Elementen zusammengefügt, weshalb dieser **Sprachtyp** auch als **agglutinierender** bezeichnet wird. Da sich die Wortbausteine bei der Wortbildung kaum ändern, sah man bei der Verschriftung des Ungarischen kein Hindernis, jedem Phonem ein eigenes Graphem zuzuordnen.

Würde man auf diese Weise im Deutschen verfahren, müsste man eine größere Ansammlung von Bäumen **Walt* und den Plural dazu **Welder* schreiben. Um aber im Deutschen die semantische Nähe dieser beiden Wortformen auch schriftlich auszudrücken, hat man sich auf die Formen *Wald* und *Wälder* geeinigt, die beide etwas von der einfachsten Phonemverschriftung mit Basisgraphemen (zu Basisgraphemen: Kapitel 2.5) abweichen, dafür aber ein weitgehend konsistentes Wortschema bieten, was eine deutliche **Erleichterung für das Lesen** erbringt. Wortverwandtschaften, wie sie in der Rechtschreibung berücksichtigt werden, hat Gerhard Augst in seinem „Wortfamilienwörterbuch der deutschen Gegenwartssprache" (2009) ausführlich dokumentiert.

Im Ungarischen existieren derartige Schwierigkeiten nicht, die sich aus der Veränderung der **Morpheme** durch Um- und Ablautung ergeben. So unterscheiden sich z. B. Singular- und Pluralformen lediglich dadurch, dass an die Singularform das Pluralmorphem -k angehängt wird, also *erdő* (*Wald*) und im Plural *erdők* (*Wälder*). In den Fällen, in denen ein Wort auf einen Konsonanten endet, wird zwischen die Singularform und das Pluralmorphem -k noch ein Vokal eingefügt. Da man im Ungarischen bestrebt ist, eine gewisse Vokalharmonie einzuhalten, lautet das Pluralmorphem bei Wörtern mit hellen Vokalen -ek, -ök usw. und bei Wörtern mit dunklen Vokalen -ak, -ok usw. wie in folgenden Beispielen: *ablak* (*Fenster* Sing.) – *ablakak* (*Fenster* Plur.), *gyerek* (*Kind*) – *gyerekek* (*Kinder*) oder *asztal* (*Tisch*) – *asztalok* (*Tische*).

Jedem einzelnen Phonem des Ungarischen steht in der Orthographie ein entsprechendes Graphem gegenüber. So werden die kurzen Vokale mit einfachen Schriftzeichen dargestellt, wie /i/, /ɛ/, /ʏ/, /œ/ mit den Graphemen <i>, <e>, <ü>, <ö>. Die langen Vokale /iː/, /eː/, /yː/, /øː/ werden dagegen mit Graphemen geschrieben, die durch einen oder zwei schräg darüber geschriebene Striche als Grapheme für Langvokale markiert sind, wie <í>, <é>, <ű>, <ő> usw.

Die Konsonanten werden ähnlich wie im Deutschen verschriftet, allerdings eindeutiger. Daneben gibt es in der ungarischen Phonologie neben den kurzen auch **lange Konsonanten**, die einen phonemischen Kontrast bilden. Kurze Konsonanten werden einfach geschrieben, lange Konsonanten doppelt. So unterscheidet man im Ungarischen *len* (*Lein*) von *lenn* (*unten*), *hal* (*Fisch*) von *hall* (*er hört*), *szál* (*Faden*) von *száll* (*er fliegt*), *fedi* (*er bedeckt es*) von *feddi* (*er tadelt ihn*) oder *eben* (*an dem Hund*) von *ebben* (*in diesem*). Wie lange Konsonanten in der Aussprache zu bilden sind, wird von Károly Ginter & László Tarnói (1976) ausgeführt:

> Bei der Bildung von langen Verschlußlauten … entsteht die Längung durch die Dehnung der Verschlußphase, nach der bei der Lösung des Verschlußes der gebildete Konsonant verhältnismäßig stärker artikuliert wird. (Ginter & Tarnói 1976, S. 15)

Was hier über die ungarische Orthographie kurz dargestellt wurde, gilt ähnlich auch für die finnischen Sprachen, den anderen Zweig der finno-ugrischen Sprachfamilie, und im weiteren Sinne auch für die Turksprachen und andere agglutinierenden Sprachen.

Wenn man von der Existenz von **Silbengelenken** ausgeht, dann können am ehesten **lange Konsonanten** diese Funktion innehaben. Das heißt, im Ungarischen und Finnischen sind konsonantische Silbengelenke denkbar. Dass in der deutschsprachigen Schweiz und in Teilen Österreichs bei Wörtern mit Doppelkonsonanten, wie *Mutter*, *Koffer* usw., Phänomene auftreten, die wie lange Konsonanten wirken, kann als Fehlinterpretation schriftlicher Formen gelten und ansonsten als Interferenz aus dem Italienischen oder als Nachwirkung eines vorindoeuropäischen Substrats gedeutet werden. Im Italienischen finden sich lange Konsonanten mit phonemischem Wert. So unterscheiden sich *tropo* (*bildlicher Ausdruck*) und *troppo* (*zu viel*) im Konsonantismus, indem bei der Form *troppo* das /p/ doppelt bzw. lang gesprochen wird, also [pː]. Derart lange Konsonanten existieren **im Deutschen nicht** und damit auch kein konsonantisches Silbengelenk, die Silben stehen unverbunden nebeneinander.

1.3 Die Alphabetschrift

Die Grundlage und das Vorbild aller Alphabetschriften ist die phönizische Konsonantenschrift. Der Name **Phönizier** ist eine griechische Prägung. Sich selbst nannten die Phönizier wahrscheinlich Kanaani, uns eher als Kanaanäer aus dem Alten Testament bekannt, von dessen

Sprache und Schrift sich das Phönizische nur wenig unterscheidet. Der Name **Alphabet** ist abgeleitet aus den Namen der ersten beiden Buchstaben, nämlich *'alf* (*Rind*) und *bet* (*Haus*), die nach dem akronymischen Prinzip die jeweils ersten Laute dieser beiden Wörter im Phönizischen bezeichnen.

Abb. 9: Die ersten Buchstaben des phönizischen Alphabets, die im Griechischen zu A, B, Γ, Δ *und* E *wurden, im Lateinischen A, B, C, D, E (Jensen 1969, S. 273, von rechts nach links zu lesen)*

Ihre Schrift brachten eingewanderte Phönizier (im 8. Jh. v. Chr.) nach Griechenland (Ionien), wie Herodot in den Büchern der „Historien" berichtet (5. Buch, Kap. 57 f., S. 429 f.). Die phönizischen Namen der Buchstaben *'alf, bet, gim* oder *gam* usw. waren nach den lautlichen Möglichkeiten der griechischen Sprache nicht sprechbar, weil hier Wörter nur auf Vokal, /n/, /r/ oder /s/ enden können. Daher wurde den meisten phönizischen Buchstabennamen ein *a* angefügt, wodurch bereits die uns lautlich geläufigeren Formen *alfa* (αλφα), *beta* (βῆτα), *gamma* (γάμμα) usw. entstanden.

Die lateinische Gepflogenheit, griechisches θ (t), φ (p bzw. f) und χ (ch bzw. k) als *th, ph* und *ch* zu transkribieren, anstatt mit einfachem t, p bzw. f und k, ist wohl mit dem in der römischen Kultur verbreiteten Hang erklärbar, durch die deutlich erkennbare Verwendung griechischer Fremdwörter als gebildet zu erscheinen. So entstanden die bei uns noch gebräuchlichen Namen griechischer Buchstaben wie *alpha, theta, chi* usw.

Die phönizische Schrift besteht nur aus Zeichen für Konsonanten. Das ist kein Mangel, sondern der Eigenart des Sprachbaus der semitischen Sprachen, zu denen auch das Phönizische gehört, geschuldet. Hier bildet ein konsonantisches Wortgerüst den Träger aller wesentlichen Grundinformationen. Auch Modifikationen an Verb und Nomen werden überwiegend durch Konsonanten realisiert. Die wenigen unterschiedlichen Vokale (im Extremfall nur a, u, i und kaum mehr als durch e und o ergänzt) dienen mehr der Erleichterung der Aussprache als der grammatischen oder semantischen Differenzierung, da sie fast vor oder nach jedem Konsonanten vorkommen, woraus eine recht einfache Silbenstruktur resultiert.

Abb. 10: Anfang einer phönizischen Weih-Inschrift, die nur aus Konsonantenzeichen besteht (Jensen 1969, S. 280), eine Umschrift von rechts nach links wäre etwa: lrbtl'm'wlrbtlb'lt

Die meisten phönizischen Konsonantenzeichen konnten direkt für die Schreibung entsprechender oder ähnlicher Laute des Griechischen übernommen werden. Allerdings fanden die fünf folgenden Zeichen keine direkte Verwendung, nämlich *'Alef, He, Jod, 'Ajin* und *Waw.*

Abb. 11: Die fünf phönizischen Konsonantenzeichen ('Alef, He, Jod, 'Ajin, Waw), die von den Griechen für die Vokalschreibungen verwendet wurden

'Alef und *'Ajin* bezeichnen die beiden Gutturale des Phönizischen. Gutturallaute existierten im Griechischen nicht. *He* steht für einen Hauchlaut, ähnlich dem deutschen /h/. Dieser Laut galt im Griechischen nicht als echter Sprachlaut. Deshalb sah man auch keinen Grund, diesen zu verschriften. Für *Waw* (ähnlich unserem W) und *Jod* (ein konsonantisches /j/) wurden ebenfalls im Griechischen keine konsonantischen Lautwerte gesehen, sodass diese fünf Zeichen in der Verwendung frei waren und zunächst für die Schreibung einiger der zahlreichen Vokale des Griechischen infrage kamen. Wenn man das erste der unten abgebildeten Zeichen um 90 Grad nach rechts dreht

und das zweite spiegelt, kann man bereits die Ähnlichkeit mit den darunter stehenden klassisch-griechischen Formen erkennen.

Abb. 12: Die fünf phönizischen Konsonantenzeichen mit ihren entsprechenden griechischen Buchstaben. Man kann die Ähnlichkeit zu den lateinischen Vokalbuchstaben A, E, I, O, V gut erkennen.

Die Belegung dieser Zeichen mit den Lautwerten /a/, /ɛ/, /ɪ/, /o/ und /ʏ/ ist allerdings keine griechische Erfindung, sondern sie entspricht weitgehend den Vokalschreibungen in phönizisch-punischen Texten, wenn Namen aus anderen Sprachen zu schreiben waren, die man mit der rein konsonantischen Schreibweise sonst nicht hätte lesen können (Friedrich & Röllig 1970, S. 40 ff.).

Tab. 1: Phönizische Zeichen, aus denen Vokalzeichen entwickelt wurden (Jensen 1969, S. 443, die Vorläufer der lateinischen Vokalzeichen A, E, I, O, V (U) wurden durch den Verf. hervorgehoben)

Für die Schreibung indoeuropäischer Sprachen sind Vokalzeichen unverzichtbar, weil hier stets auch Vokale Bestandteile von Wortwurzeln sind. Wollte man das Deutsche mit einer rein konsonantischen Schrift schreiben, ergäben sich z. B. bei der Form *lbn* große Probleme, weil sie für *leben, lieben, loben* und *laben* stehen könnte.

Abb. 13: Eine der ältesten Abc-Listen, um 700 v. Chr., Italien (Jensen 1969, S. 499, von rechts nach links zu lesen)

Schrifttheoretische Überlegungen aus der Frühzeit der Alphabetschrift, wie die des Aristoteles zum griechischen Schriftsystem seiner Zeit, sind wegen ihres grundsätzlichen Charakters auch heute noch bedeutsam. Zunächst beschreibt Aristoteles sprachliche Äußerungen als Symbole geistiger Tätigkeiten oder Erfahrungen und danach Schrifteinheiten als Symbole von Lauteinheiten (Aristoteles, Peri hermeneias, 16 a).[1]

Im Buch „Poetik“ des Aristoteles heißt es im Kapitel 20 (1456 b 20) in der deutschen Übersetzung von Fuhrmann in der Reclam-Ausgabe (1989, S. 63): „Die Sprache überhaupt gliedert sich in folgende Elemente: Buchstabe, Silbe, Konjunktion, Artikel, Nomen, Verb, Kasus, Satz.“ In der hier vorliegenden Übersetzung wird **Buchstabe** als die Entsprechung des griechischen Begriffs στοιχείον (*stoicheion)* angesetzt. Diese Übersetzung ist ungünstig, da im Griechischen allgemein und auch bei Aristoteles Buchstabe als γράμμα (*gramma*) bezeichnet wird. Aristoteles erläutert – unmittelbar der genannten Textstelle folgend – den Begriff: „στοιχείον (*stoicheion)* ist ein unteilbarer **Laut** ...“ und eine Zeile weiter, dass sich diese Laute in Vokale, Halbvokale und Konsonanten einteilen lassen.

Daher ist der Begriff στοιχείον (*stoicheion)* an dieser Stelle besser nicht als Buchstabe, wie in der Reclam-Ausgabe, sondern als **Sprach-**

1 Alle Textstellen zu Aristoteles werden hier und im Folgenden nach der Bekker-Zählung angegeben.

laut zu übersetzen. Dieses lässt sich auch treffender an Ausführungen in der „Metaphysik“ anschließen. Dort reflektiert ARISTOTELES das Verhältnis von Lauteinheiten und Schrifteinheiten und stellt fest:

> Wenn die (στοιχείοι, *stoicheioi*) Sprachlaute der Zahl nach begrenzt sind, so wäre es auch sinnvoll, genauso viele Buchstaben (γράμματα, *grammata*) zu haben. (ARISTOTELES, Metaphysik, Buch III, Kap. 4, 1000 a 1)

Die Auffassung von einem Zahlenverhältnis von 1 : 1 zwischen Laut- und Schrifteinheiten in einem alphabetischen System wird im vorliegenden Buch (Kapitel 2) in Bezug auf das Schriftsystem des Deutschen wieder aufgenommen und empirisch untersucht.

1.4 Die Entwicklung der neuhochdeutschen Orthographie (ca. 1530–1850)

Zum Begriff Hochdeutsch

In seinen Schriften „Orthographia/ gerecht buchstäbig Teutsch zuschreiben“ (1531, s. dazu a. GARDT 1999, S. 52 ff.) und „Orthographia. Haimliche vnd verborgne Cancellei“ (1540) benennt FABIAN FRANGK zunächst die Sprache, um die es in seiner „Orthographia“ geht:

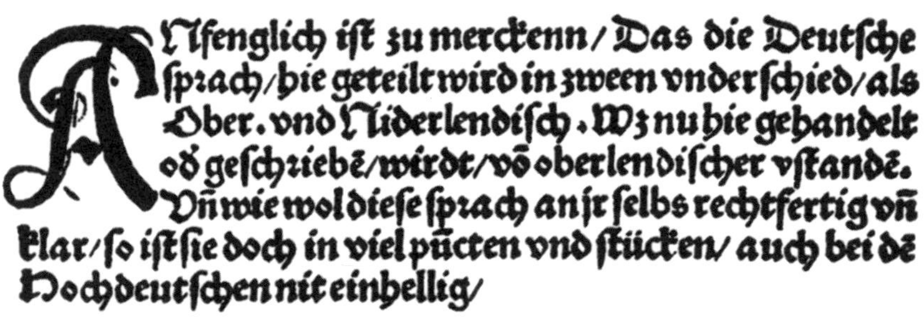
Anfenglich iſt zu merckenn/ Das die Deutſche
ſprach/hie geteilt wird in zween vnderſchied/als
Ober. vnd Niderlendiſch. Wz nu hie gehandelt
od geſchriebē/wirdt/vō oberlendiſcher vſtandē.
Vñ wie wol dieſe ſprach an jr ſelbs rechtfertig vñ
klar/ſo iſt ſie doch in viel pücten vnd ſtücken/ auch bei dē
Hochdeutſchen nit einhellig/

Abb. 14: Über das „Ober- und Niderlendische“ von FRANGK (1540, Blatt A 1r); Erläuterungen zu den Abkürzungen im Text siehe S. 6

So unterscheidet Frangk einleitend die deutschen Sprachen in „Ober- und Niderlendisch“ und bemerkt, dass sich seine folgenden Ausführungen auf das „Oberlendische“ beziehen (s. Abbildung 14).

Orthographia
Haimliche vnd verborg
ne Cancellei.
Orthographia/wie mann recht gründt/
lich teütsch schreiben sol.
Wie ein gůt freundt dem andern haimliche
vnd verborgne brieff/ damit sie nit so bald von jder
man gelesen / durch vil seltzame characteras vnnd
practik/zů schreiben mag/ein kurtzer bericht.
Item / Von mancherlei weiß dinten vnnd farben
zůmachen/ Auch wie mann goldt vnd silber/sampt
allen metallen auß der federn schreiben/ Auch federn
vnd pergamen allerlei farben ferben sol.
Item/Ein kurtz Cantzellei büchlein/wie mann ei-
nem jeden/hohen vnd nidern standts/geburt / oder
ampts halben schreiben sol.
Allen Schreibern vast nützlich zůwissen.
Zů Straßburg beim J. Cammerlander.

Abb. 15: Titelblatt „Orthographia. Haimliche vnd verborgne Cancellei“ von Fabian Frangk (1540)

Im weiteren Text verwendet Frangk bereits den Begriff „Hochteutsch“ (1531) bzw. „Hochdeutsch“ (1540) für Oberdeutsch. Hier zeigt sich, dass die heute noch gebräuchliche Bezeichnung **Hochdeutsch** ursprünglich keine wertende Komponente beinhaltete, sondern sich auf die Geographie bezog, da der südliche deutsche Sprachraum deutlich höher über dem Meeresspiegel liegt als der nördliche.

Diese rein geographische Bezeichnung der beiden Sprachen ändert sich bereits rund 130 Jahre später, wenn man bei Johann Christian Gueintz liest: „Und wan wir so reden wolten und schreiben/ wie die alten Sachsen/ so weren wir nicht die ietzigen zierliche hoch Deutschen.“ (Gueintz 1666, Blatt A IVv).

Hieronymus Freyer begründet in seinem Buch „Anweisung zur Teutschen Orthographie“ (1728), warum sich die „Hochteutsche Sprache“ als „Regel und Richtschnur“ am besten eignet:

> 2) weil sie eine reine, deutliche und anmuthige Aussprache hat(,)
>
> 3) weil sie zwischen der Oberländischen und Niedersächsischen gleichsam in der Mitte stehet, (…) /
>
> 8) weil darin fast an allen Orten, insonderheit aber auch in Niedersachsen, geprediget wird(,)
>
> 9) weil sie um dieser Ursachen willen fast von iedermann, wenigstens besser unb (*sic*!) leichter als alle andere Teutsche Mundarten, verstanden werden kann; und daher in Teutschland eine allgemeine und vor andern nützliche Sprache ist. (Freyer 1728, Blatt A 4v/A 5r)

Während man den Beginn der neuhochdeutschen Sprache und Schriftsprache allgemein etwa am Anfang des 16. Jahrhunderts ansetzt und die deutsche Bibelübersetzung von Martin Luther aus den 1520er-Jahren hierbei als entscheidenden Faktor ansieht, sollte nicht übersehen werden, dass die Erfindung des Buchdrucks mit beweglichen Lettern einige Jahrzehnte davor und der damit verbundene rasante Anstieg der Buchherstellung und -verbreitung insgesamt zum Bemühen um eine einheitliche deutsche Sprache und Schriftsprache beigetragen hat.

Sicherlich kann man Luther nicht als Schöpfer der modernen deutschen Sprache mit entsprechender Orthographie ansehen. Der Reformator war vielmehr bemüht, bei seiner Bibelübersetzung einen guten Sprachstil für das Deutsche zu verwirklichen, wie er im "Sendbrief vom Dolmetzschen" (1530/1909) darlegt.

Neben seinem Streben nach stilistisch gutem Deutsch lässt Luther grammatische und orthographische Aspekte noch weitgehend unberücksichtigt und orientiert sich an der Schreibweise der Kanzlei von Kaiser Maximilian I.

Erst der Lektor, Christoff Walther, damals noch "Corrector" genannt, der Verlagsdruckerei von Hans Lufft, in der Luthers Bibelübersetzung erschien, warnt in seiner kurzen Schrift von 1563, "Von unterscheid der Deudschen Biblien", dass die zahlreichen Raubdrucke schon wegen ihrer vielen orthographischen und sonstigen Fehler besser zu meiden seien. Daneben beklagt er aber allgemein die Uneinheitlichkeit im Schreiben seiner Zeit:

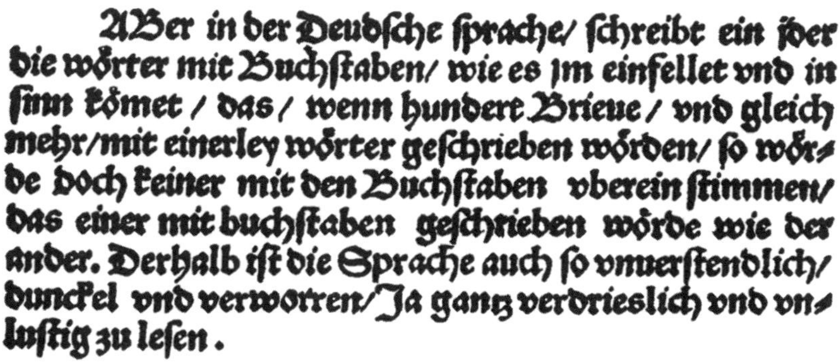
ABer in der Deudſche ſprache/ ſchreibt ein jder
die wörter mit Buchſtaben/ wie es jm einfellet vnd in
ſinn kömet / das / wenn hundert Brieue / vnd gleich
mehr/mit einerley wörter geſchrieben wörden/ ſo wör=
de doch keiner mit den Buchſtaben vberein ſtimmen/
das einer mit buchſtaben geſchrieben wörde wie der
ander. Derhalb iſt die Sprache auch ſo vnuerſtendlich/
dunckel vnd verworren/ Ja gantz verdrieslich vnd vn=
luſtig zu leſen.

Abb. 16: Ausschnitt aus der Schrift von Christoff Walther *(1563, Blatt A IIr)*

Prinzipien der deutschen Orthographie

Bei dem Bemühen um eine einheitliche und sachgemäße Orthographie werden schon früh gewisse Leitgedanken formuliert, die man später **Prinzipien der deutschen Rechtschreibung** nennt. Die Entwicklung dieser Prinzipienentwürfe soll im Folgenden kurz an ausgewählten Beispielen aus den verschiedenen Jahrhunderten dargestellt werden.

Fabian Frangk formuliert 1540 Grundsätze, die man schon als frühe Prinzipien der Rechtschreibung bezeichnen kann. Als **erstes Prinzip** empfiehlt er, dass jedes Wort nach seiner entsprechenden **Lautform** geschrieben bzw. mit seinen „gebürlichen“ Buchstaben (Frangk 1540, Blatt A Iv) gedruckt werden soll. Damit meint er, dass kein Buchstabe zu viel und keiner zu wenig geschrieben werden soll und weiterhin auch keiner für den anderen (Blatt A IIr). Interessant ist, dass er bereits mehrgliedrige Schriftzeichen nennt, die durchaus heutigen Graphemen entsprechen:

> Wen das h bey/ oder nach einem stimmer (Vokal, Anm. d. Verf.) gesatzt wirdt/ do es nicht scherpft/ vnd also seins ampts müssig steht/ so erlengt (verlängert, Anm. d. Verf.) vnd erhöcht es den beigesatzten stimmer/ als /ahm nahm/ vernehmlich/ ihm/ ihn/ ihr (…) Des gleichen wie dz (das, Anm. d. Verf.) h/ also lengt auch dz e/ wenns nach dem i/ am end eines wordts oder silben gesatzt wirdt/ als/ hie/ die/ diebe/ hiebei/ nyemant. (Frangk 1540, Blatt A IIIv)

Als **zweites Prinzip** nennt Frangk die **Derivation**, womit er meint, dass abgeleitete Wörter ähnlich dem Grundwort geschrieben werden sollten, von dem sie abgeleitet sind. Er nennt als Beispiele: *Vater* und abgeleitet *Väter* und *väterlich*, von *Schaden* abgeleitet *Schäden* und *schädlich* (1540, Blatt A IIIr).

Zu den Konsonanten schreibt Frangk (1540), dass C und Q im Deutschen eigentlich nicht gebraucht werden und dass beide in K umgewandelt werden könnten, sodass für *qu* ein *kw* geschrieben werden könnte, also *bekwem* für *bequem* (Blatt B Ir). Leider ist dieser Vorschlag bis heute nicht so umgesetzt worden, wie es beispielsweise im Niederländischen und Dänischen geschehen ist. Ansonsten sollte die Konjunktion *und* eher mit einem als mit zwei *n* geschrieben werden sowie kein überflüssiges *h* wie in *guth* oder *muth* verwendet werden. Bei Luther findet sich noch häufig *vnnd* und bei Ickelsamer *unnd.*

Abb. 17: Über das Q: „Das q wirt sonst bey keinem Buchstaben/ dann beym u w gabraucht“ (Jordan 1533, Blatt A Vr, hier Reprint von 1987, Ausschnitt aus S. 19)

In der oben erwähnten Schrift Walthers (1563) gibt der Autor gleich zu Beginn eine Definition der Orthographie (wohl in wesentlichen Punkten der "Orthographia" von Franck folgend), wobei auch schon die später als Prinzipien der Orthographie genannten Grundregeln des korrekten Schreibens bereits deutlich sichtbar werden:

> Das allervornehmste und nötigste in allen Sprachen ist, dass man die Orthographie (ein)hält. Das ist, dass man alle Wörter mit ihren eigenen und gebührlichen Buchstaben schreibe oder drucke, dass man keinen Buchstaben auslasse, keinen zu viel nehme, keinen für den anderen nehme (**erstes Prinzip**: Laut- oder phonologisches Prinzip, Anm. d. Verf.). Dass ein jeder die Wörter mit Buchstaben schreibe, gleich wie der andere (**zweites Prinzip**: allgemeiner Schriftgebrauch oder *usus scribendi,* Anm. d. Verf.). Ferner, dass man die gleichlautenden Wörter, welche zwei Dinge bedeuten, in ihrem Laut mit besonderen Buchstaben unterscheide (**drittes Prinzip**: Unterscheidung gleichlautender Wörter, Anm. d. Verf.), wie die hebräische, griechische und lateinische Sprache geordnet und gefasset ist. (Walther 1563, Blatt A IIr, v. Verf. ins heutige Deutsch übertragen)

Im folgenden Jahrhundert benennt Christian Gueintz (1666) ebenfalls drei Prinzipien der Rechtschreibung:

> 1. zu sehen auf den Ursprung und **Stamm des Wortes**/ woher dasselbe der vermutung nach entstanden. Dan fürs
> 2. auf die **Aussprechung** desselben. Welchen dan zum
> 3. die **Gewonheit**/ folgen sol und wil/ wo sich nicht gegen iene beyde (die beiden ersten Prinzipien, Anm. d. Verf.) wiedrigkeit/ oder etwas ungereimtes findet. (Gueintz 1666, A IVr, Hervorh. vom Verf.)

Eine ähnliche Prinzipienzusammenstellung findet sich dann rund 60 Jahre später bei Hieronymus Freyer (1728):

1. Hauptregel: „Bey der Teutschen Orthographie ist vor allen Dingen auf die ***Pronuntiation*** (Aussprache, Anm. d. Verf.) … zu sehen.“ /

2. Hauptregel: „Doch wenn die *Pronuntiation* eine gewisse Regel der Orthographie seyn soll: so muss I) dabey auch auf die ***Derivation*** (Ableitung, Anm. Verf.) gesehen … werden.“

3. Hauptregel: Zusätzlich muss auf die „**Analogie** (Übereinstimmung, Anm. d. Verf.) gesehen … werden.“

4. Hauptregel: Wenn die genannten Hauptregeln oder Prinzipien nicht ausreichen, muss auch, „auf den ***vsum scribendi*** (Schreibgebrauch, Anm. d. Verf.) gesehen … werden.“ (Freyer 1728, ohne S., nach Vorrede, aus „Kurzer Inhalt, Der erste Theil, Das I Capitel“, Hervorh. im Original)

Johann Christoph Adelung (1782) nennt wiederum einige Jahrzehnte später als „wesentliche positive Gesetze der Deutschen Orthographie“ drei Prinzipien:

> welche so lauten: schreib wie du sprichst,
> 1. der allgemeinen **Besten Hochdeutschen Aussprache** gemäß, und wo diese nicht entscheidend ist,
> 2. in gebogenen und abgeleiteten Wörtern nach der nächsten **Abstammung**,
> 3. in Stammwörtern aber nach dem **allgemeinen Gebrauche**“.
>
> (Adelung 1782; zit. n. Garbe 1978, S. 40, Hervorh. v. Verf.)

Bis heute geht man davon aus, dass die vielen Regeln, mit denen das Gesamtgefüge der Orthographie beschrieben wird, sich einer gut überschaubaren Zahl von Prinzipien unterordnen lassen. Auch wenn die heutigen Kategorien in ihren Benennungen und in den Bereichen, die sie umschließen, recht stark variieren, bleibt doch ihre Anzahl meist unter zehn. Ausführliche Darstellungen und Übersichten finden sich bei Gerhard Augst (1974a und b u. ö.), Burckhard Garbe (1978), Ilse Rahnenführer (1980, 1989), Carl L. Naumann (1985), Joachim Riehme (1987), Peter Gallmann (1989, 1990), Günther Thomé (1992, 2000a), Dieter Nerius (2000), Jacob Ossner (2007, 2010) und Irene Corvacho del Toro (2017).

Zu den Veränderungen einiger Schriftzeichen und ihrer Funktionen

I, IE, J und Ü

Insgesamt bereitet der Buchstabe I, so wie man ihn aus dem Lateinischen übernommen hat, einige Probleme. Zunächst wird im Lateinischen das kurze /ɪ/ und das lange /iː/ nicht in der Schreibung unterschieden. So steht *liber* mit kurzem /ɪ/ (*Buch*) neben *liber* mit langem /iː/ (*frei*). Damit hatten die Konstrukteure der deutschen Schriftsprache, wenn sich zwei Wörter durch langes oder kurzes i unterscheiden, Probleme mit der lateinischen Schrift, weil sie hier keine Differenzierung bietet. Eine Verdopplung des Buchstaben I verbietet sich, weil dies in der Schreibschrift von einem ü kaum zu unterscheiden wäre, z. B. *lüge* (*lüge*) und *liige* (**liige*).

Daher hat sich schon im 16. Jh. neben der einfachen i-Schreibung für langes i durchaus die Schreibung mit Längen-e herausgebildet, also <ie>. Daneben zeigt sich im 17. Jh. eine wohl zunächst aus ästhetischen Gründen entwickelte Nebenform des gedruckten i, wenn es am Wortanfang steht, indem die Hauptform des Schriftzeichens in einem leichten Bogen nach unten verlängert wurde. Interessant ist auch, dass in alphabetisch sortierten Wörterverzeichnissen dieser Zeit – und noch danach – auf den Buchstaben I unmittelbar das K folgt, also noch kein J existierte.

Wenn man bei der Wortform *nirgendwo* am Anfang das grammatische Verneinungselement n- entfernt, erhält man ein *irgendwo*. Dieselbe Prozedur funktioniert heute allerdings bei der Wortform *niemand* nicht mehr. Denn hier erhält man ohne die Partikel n- ein ***iemand***. Wir nennen aber heute die Positivform zu *niemand*, also ohne die Partikel n-, *jemand*. Die im 17. Jh. im Druckwesen entwickelte Form des *i*, etwa in der Form *j*, führte dazu, dass aus einem ***n-iemand***, der eigentlich ein *iemand* werden sollte, nun ein ***jemand*** wurde. Dass es sich hier nicht nur um eine Veränderung der schriftlichen Form handelte, sondern auch eine Veränderung der Aussprache bewirkte, lesen wir bei Gueintz (1666):

> Die aussprache bey den besten giebt die Richtschnur/ das es ein i selblautender Buchstabe/ und nicht ein jod/ oder mitlautender sey: Dan sonsten würde es auch nicht i heissen/ sondern je; nicht iederman/ sondern jederman; nicht iedoch/ sondern jedoch. (Gueintz 1666, Blatt A VIIv, 14)

Zu U, V, W und Y

Insgesamt sind aus dem phönizischen Schriftzeichen 𐤅 (*Waw* oder *Wau)* im Griechischen, Lateinischen und deren Folgeschriften mindestens vier Schriftzeichen entwickelt worden, nämlich U, V, W und Y, die auch im deutschen Alphabet nicht zufällig fast unmittelbar aufeinander folgen. Alle bezeichnen in etwa Lautwerte wie /uː/ und /ʊ/ oder /v/, wie auch schon ähnlich im Phönizischen.

Bereits für das Lateinische bemängelt Quintilian in seinem Werk „Ausbildung des Redners“, dass man im Wort VVLGUS für zwei verschiedene Laute nur eine Buchstabenform zur Verfügung habe.

Noch 1540 schreibt Fabian Frangk in seiner „Orthographia. Haimliche vnd verborgne Cancellei“, dass das u und das v quasi wahlfrei verwendet werden, z. B. über einen *unverständigen* (*Menschen*) in der Form *vnuerstendigen* (s. Abbildung 18).

Abb. 18: Die Schreibweise der Wortform „unverständigen“ als „vnuerstendigen“ zeigt, dass die Buchstaben U und V wechselseitig gebraucht wurden, also einer für den anderen (Frangk 1540, Blatt A Iv)

Die Ursache für dieses Problem liegt wieder in der Übernahme der lateinischen Schrift und der Umformung der Zeichen im Mittelalter. Stand in der antiken Zeit noch das Zeichen V für die Lautwerte /v/ und /u/, kamen im Mittelalter neben der Form V auch gerundete Formen als Vorläufer des U und der Kleinbuchstaben auf.

Im 16. Jh. sehen wir bei Peter Jordan (1533), dass das W in der Frakturschrift als eigenes Schriftzeichen erscheint (s. Abbildung 19), aber im lateinischen Abc noch fehlt (s. Abbildung 20).

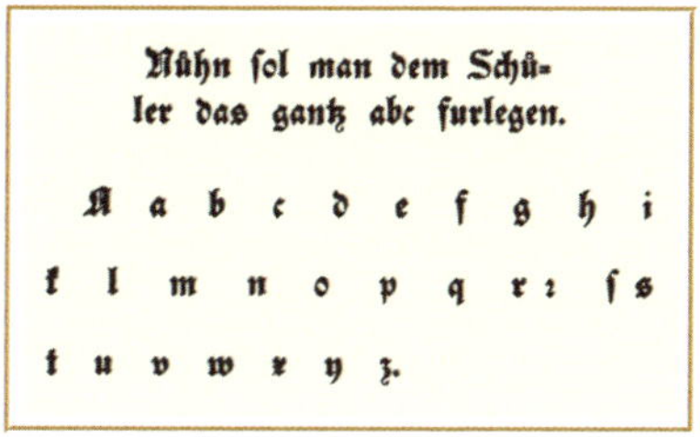
Nühn sol man dem Schü-
ler das gantz abc furlegen.

A a b c d e f g h i
k l m n o p q r ꝛ ſ s
t u v w x y z.

Abb. 19: Abc-Liste von Jordan (1533, Blatt B IIv, hier Reprint von 1987, S. 30)

Volgen die Lateynischen
Buchstaben.

a b c d e f g h i k l m n o p
q r ſ s t u v x y z.
A B C D E F G H I K L M
N O P Q R S T V X Y Z.

Abb. 20: Abc-Liste der lateinischen Buchstaben von Jordan (1533, Blatt B IIIr, hier Reprint von 1987, S. 31)

Für die markierte Längenschreibung bei U kommt hinzu, dass ein doppelt geschriebenes U in der Schreibschrift so aussieht wie ein w. Nicht zufällig heißt der Buchstabe W im Englischen ***double u***, also **Doppel-u**. In den fränkischen Übersetzungen der Monatsnamen für Karl den Großen wird der *Januar* auch *uuıntar manot* (Wintermonat) geschrieben.

Hier wird deutlich, dass auch der Buchstabe W eine junge Erscheinung ist, wie auch das mittelalterliche Abc (s. Abbildung 21) zeigt.

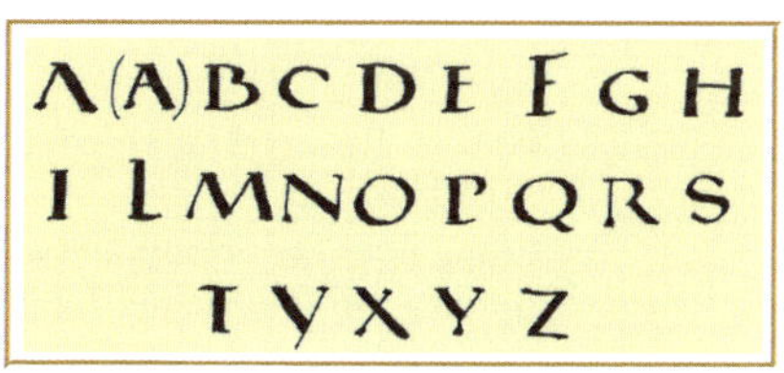
A (A) B C D E F G H
I L M N O P Q R S
T V X Y Z

Abb. 21: Mittelalterliches lateinisches Alphabet: „Capitalis quadrata", um 500 n. Chr. (Bischoff 1986, S. 79)

Übersicht

1525	Fabian Frangk: Schreibe Kunst
1527	Valentin Ickelsamer: Ain Teutsche Grammatica. Die rechte weis aufs kürtzist lesen zu lernen
1531	Fabian Frangk: Orthographia, gerecht buchstäbig Teutsch zuschreiben
1533	Peter Jordan: Leyenschul
1534	Valentin Ickelsamer: Ain Teütsche Grammatica. Darauß ainer von jm selbs mag lesen lernen (um 1534)
1540	Fabian Frangk: Orthographia. Haimliche vnd verborgne Cancellei
1563	Christoff Walther: Von unterscheid der Deudschen Biblien
1571	Simon Roten: Ein Teutscher Dictionarius
1629	Johann Georg Gross: Teutsche Grammatica
1642	Johann Bellin: Teutsche Orthographie oder Rechte Schreibekunst
1647	Johann Bellin: Sende-schreiben
1651	Justus Georg Schottel: Teutsche Sprach Kunst
1657	Johann Bellin: Hochdeudsche Rechtschreibung
1657	Johann Amos Comenius: Große Didaktik (1658: Orbis sensual. pictus)
1666	Johann Christian Gueintz: Die deutsche Rechtschreibung
1722	Hieronymus Freyer: Anweisung zur Teutschen Orthographie (Folgeauflage 1728 u. ö.)
1748	Johann Christoph Gottsched: Grundlegung einer Deutschen Sprachkunst
1749	Johann Christoph Wolfen: Unterricht zur Rechtschreibung der Deutschen Sprache
1778	Friedrich Gottlieb Klopstock: Ueber di deütsche Rechtschreibung
1782	Johann Christoph Adelung: Grundgesetz der Deutschen Orthographie
1784	Karl Philipp Moritz: Von der deutschen Rechtschreibung
1822	Jacob Grimm: Deutsche Grammatik
1834	Johann Christian August Heyse: Theoretisch-praktische deutsche Grammatik oder kurzgefaßtes Lehrbuch der deutschen Sprache (und 1838)
1836	Wilhelm von Humboldt: Über die Verschiedenheit des menschlichen Sprachbaues
1843	Ludwig Volrad Jüngst: Die deutsche Rechtschreibung
1855	Rudolf von Raumer: Über deutsche Rechtschreibung
1858	Gephard Hilmer Högg: Deutsche Rechtschreibung nach Rudolf von Raumer. Regeln und Wörterbüchlein
1872	Konrad Duden: Zur Orientirung über die orthographische Frage
1891	Johannes Mohr: Unsere Methode der Rechtschreibung

Abb. 22: Übersicht über wichtige Werke zur deutschen Grammatik und Orthographie

1.5 Neuere Entwicklungen der deutschen Orthographie

Für die Entwicklungen der deutschen Orthographie der jüngeren Zeit sind außer Konrad Duden besonders zu nennen: Johann Christian August Heyse (1834, 1838), Ludwig Volrad Jüngst (1843), Rudolf von Raumer (1855), Gephard Hilmer Högg (1858), Johannes Mohr (1891).

Aus einer längeren Perspektive heraus betrachtet, kommt die Entwicklung der neuhochdeutschen Orthographie in der Mitte des 19. Jhs. mit dem Werk „Über Deutsche Rechtschreibung" von Rudolf von Raumer (1855) vorläufig zu ihrem Ende. Schon das äußere Bild dieser Schrift zeigt deren Modernität; das Buch ist mit lateinischen Drucktypen gesetzt und nicht in Fraktur, wie noch fast alle Druckwerke seiner Zeit und noch lange danach. Einige sehr relevante Bereiche, die erst in der **Rechtschreibreform** Ende des 20. Jhs. angegangen wurden und heute gültig sind, finden sich bereits in von Raumers Entwürfen.

So empfiehlt er (1855, S. 21) und setzt es auch in seiner Schrift um, dass anstelle des <ß> nach Kurzvokal ein <ss> zu schreiben sei, denn da das <ß> als eine Ligatur aus dem lang geschriebenen Fraktur-s (ſ) und dem z (ʒ) gebildet ist, also aus ſ ʒ ein ß (ß) entstand, hat es in der lateinischen Druckschrift keinen Platz mehr. Nach Langvokal sollte das <ß> in <sz> umgewandelt werden. Weiterhin empfiehlt von Raumer (1855, S. 17), das <v> für die f-Lautung durch <f> zu ersetzen, denn Schreibungen wie **for, *foll, *Fater* würden die Aussprache dieser Wörter in keiner Weise verändern.

Diese und viele ähnliche Vorschläge prägen die phonetische Richtung, die sich auf der **I. Orthographischen Konferenz** (1876) gegen eine starke historische Richtung nicht durchsetzen konnte (s. Nerius 2000, S. 331 ff.). Nach dem Tode von Raumers (noch im Jahr der Konferenz von 1876) fiel nun Konrad Duden die Aufgabe zu, maßgeblich an der Vereinheitlichung der Schriftsprache zu wirken. Die konkreten Empfehlungen zu den Wortschreibungen aber auch die Art der Regelformulierungen selbst (zum Regelbegriff vgl. RIEHME 1980) lassen erkennen, dass DUDEN, möglicherweise als Folge des Scheiterns der I. Orthographischen Konferenz, nun recht vorsichtig und zögerlich Vorschläge zu Neuerungen in seine Ausarbeitungen aufnimmt. Viele sinnvolle Aktualisierungen, die schon 1876 vorgeschlagen wurden, konnten so vorerst nicht realisiert werden. Sie wurden erst rund hundert Jahre später umgesetzt. Andererseits soll hier nicht unerwähnt bleiben, dass manche Vorschläge RAUMERS wahrscheinlich auch heute noch von den meisten Orthographietheoretikern als etwas überzogen und nicht sinnvoll bewertet würden.

Nach jahrzehntelanger weitgehender Bewahrung der deutschen Orthographie auf dem Stand vom Ende des 19. Jhs. wurde Ende des 20. Jhs. der Schritt einer Neufassung mit dem Ziel einer Aktualisierung der Rechtschreibung gewagt und bereits einige mögliche Reaktionen auf geplante Normveränderungen richtig eingeschätzt. Im Vorwort des von GERHARD AUGST (1974) herausgegebenen Bandes „Deutsche Rechtschreibung mangelhaft?“ heißt es:

> Gerade der Eingriff in etablierte Normen läßt sich nicht allein durch sachlogische Erwägungen rechtfertigen, sondern der Reformer muß das hohe Maß an Emotionen kennen, das alle Normveränderungen und -stabilisierung begleitet. (AUGST 1974, S. 5)

Die Rechtschreibreformer von 1995 mussten erleben, dass auf ihre Änderungen deutlich überzogene Reaktionen erfolgten, obwohl die Vorschläge durchweg gut begründet und weit davon entfernt waren, die deutsche Sprache zu verändern. Sicherlich gibt es immer sog. Zweifelsfälle, bei denen man eine Schreibung auf eine Weise begründen kann, aber auch gute Argumente für eine Andersschreibung findet, wie das berühmt gewordene Beispiel *aufw**e**ndig* oder *aufw**ä**ndig* zeigt. Die Schreibung mit <e> ist durch das Verb *aufw**e**nden* gut zu begründen, ebenso kann man aber auch die Schreibung *aufw**ä**ndig* mit <ä> als Ableitung vom Nomen *Aufw**a**nd* erklären. Aber rechtfertigen Neuerungen wie das *daß* in *dass*, der generelle Ersatz des <ß> nach Kurzvokal durch <ss> und insgesamt weitere Änderungen von

Wortschreibungen sowie einige Modifikationen in der Getrennt- und Zusammenschreibung und der Groß- und Kleinschreibung (vgl. AUGST 1974; AUGST, BLÜML, NERIUS & SITTA 1997; GLINZ 1997; MENZEL 1997; NERIUS 1997, 2000) eine Hysterie oder Untergangsstimmung, wie man sie nach dieser insgesamt eher moderaten Reform erlebt hat?

An dieser Stelle ist jedoch nicht der Platz, die Diskussion um die letzte Rechtschreibreform auch nur ansatzweise nachzuzeichnen. Vielmehr soll ein Kommentar aus dem 17. Jh. zu Reaktionen auf schon frühere Versuche, die Rechtschreibung zu reformieren, auf amüsante Weise dienlich sein, psychische Erregungen wegen Änderungen an der Orthographie etwas zu relativieren.

JOHANN BELLIN nennt in seinem Werk von 1657, „Hochdeudsche Rechtschreibung", fünf mögliche Reaktionstypen auf Versuche, die Rechtschreibung zu verbessern und letztlich zu reformieren. Hierbei kann jeder Leser einen oder auch mehrere Typen auf sich selbst oder auf Vertreter der Gegenposition beziehen, je nach Geschmack.

Den **ersten** Typ nennt BELLIN „unverständige und grobe läute" und beschreibt ihre Argumente gegen die Reform: „Dan ir vater habe nicht also geschriben; so stähe es auch nicht also in iren gedrükten büchern." (BELLIN 1657, Blatt a VIr)

Den **zweiten** Typ beschreibt er als Leute, die zwar nicht alle Vorschläge verstehen, aber gutwillig akzeptieren (ebenda, Blatt b Ir und v).

Den **dritten** Typ bilden, „stolze/ und mit großer weisheit aufgefüllete läute", die wenig oder nichts von den vorgebrachten Vorschlägen akzeptieren wollen: „Dan weil diselbigen/ aus eingebildetem wane (Wahn, Anm. d. Verf.)/ meinen/ und sich bereden/ das sies alleine sein/ die etwas sonderliches können erfünden und forbringen: und was nicht erstlich von inen herkomme/ sei nichts besonders" (ebend., Blatt b Iv)

Der **vierte** Typ besteht aus Leuten, die einiges von der deutschen Sprache verstehen und eventuell gute Gründe sehen, dieses oder jenes anders zu schreiben (ebenda, Blatt b IIr und v). Diese Zeitgenossen ermuntert BELLIN, den Reformern ihre Gedanken mitzuteilen.

Die **fünfte** Gruppe werden als Menschen beschrieben, „*die lust haben etwas richtiger und bässer/ als der gemeine man/ zu schreiben/ und grund wissen wollen/ warüm man so oder so dis oder jenes wort schreibe/ und in etlichen von der gemeinen art abträte*“ (Bellin 1657, Blatt b IIIr).

Fazit

Letztlich muss man sich fragen, was für eine alphabetische Orthographie schädlicher ist. Wenn man sie ab und zu (etwa alle 100 Jahre) ein wenig verändert, mit dem Bestreben, sie zu aktualisieren oder wenn man sie über Jahrhunderte weitgehend sich selbst überlässt – bis von einem erkennbaren Zusammenhang von Schreibung und Lautung nicht mehr viel übrig ist, wie beispielsweise im Englischen?

2 Systematische Aspekte der deutschen Orthographie

Theoretischer Teil

2.1 Was ist eine Schriftsprache?

Eine Schriftsprache kann entstehen, wenn erstens ein oder mehrere bedeutende religiös-literarische Werke geschaffen werden, die eine große Akzeptanz und Verbreitung bei maßgebenden Bevölkerungsschichten genießen, und wenn zweitens die Sprache dieser literarischen Werke unter möglichst vielen Aspekten beschrieben wird.

Bei der Konstituierung einer Schriftsprache stellen sich zu Beginn stets mehrere Probleme. Zunächst muss aus den Varietäten der Umgangssprachen eine Varietät als Grundlage ausgewählt werden, oder es müssen einige Varianten zu einer gemeinsamen Basis zusammengefasst werden. Diese sprachliche Grundlage ist dann grammatisch und phonologisch einigermaßen zu umreißen. Als nächster Schritt ist diese bis dahin nur mündlich existierende Sprache mit einer ausgewählten Schrift zu transkribieren. Hierbei greift man weitgehend auf die Verfahren des Schriftgebrauchs zurück, wie sie sich im Schriftsystem zeigen, aus dem die Schrift übernommen wird. Oft zieht sich der Entstehungsprozess einer Standard- oder Schriftsprache über mehrere Jahrhunderte hin. Einige Beispiele sind:

- die altbabylonische Schriftsprache mit den Epen "Enuma elisch" und "Gilgamesch",
- das Sanskrit mit dem "Rig-Veda" und
- das Altgriechische mit den HOMERischen Epen.

Gelegentlich wird allerdings eine solche Leistung in einem Jahrhundert u. U. von nur wenigen Personen vollzogen. Der italienische Gelehrte und Dichter Dante Alighieri hat selbst den Versuch unternommen, eine einheitliche italienische Schriftsprache zu schaffen. Zunächst wollte er in seinem sprachwissenschaftlichen Werk, "De Vulgari Eloquentia" (um 1303, dtsch. 2009), aus den damaligen italienischen Dialekten eine für den schriftlichen Gebrauch geeignete Sprachform destillieren. Hierbei sind Dantes Überlegungen zur sprachlichen Norm bedeutsam. Er unterscheidet zwei Formen der Sprache: zunächst eine *locutio vulgari*, was man als "Umgangs-, Volkssprache" oder "allgemeine Redeweise" übersetzen könnte, die er selbst umschreibt als eine Sprache, "die wir ohne jede Regel durch Nachahmung unserer Amme erlernen" (2009, S. 1).

Daneben sieht Dante eine zweite Sprachform, die er *lingua grammatica* also "grammatische Sprache" nennt, wie es sie bei den klassischen Griechen und Römern gegeben habe, eine Sprachform, die Jahrhunderte später Rudolf von Raumer (1855) in Bezug auf das Deutsche treffend als **Schriftsprache** bezeichnet. Die antiken Schriftsprachen, die Dante im Blick hat, sind einerseits durch eine größtenteils genormte Orthographie und Grammatik umschrieben und andererseits durch weitverbreitete religiös-literarische Werke bekannt (s. a. Gardt 1999, S. 46 ff.).

Das sprachwissenschaftliche Werk der "Vulgari Eloquentia" und das Vorhaben, auf diesem Wege eine verschriftungsfähige Sprachform des Italienischen zu konzipieren, hat Dante unvollendet abgebrochen, aber einige Jahre danach das entscheidende religiös-literarische Werk vorgelegt, nämlich die "Commedia", die, später noch durch den Zusatz "Divina" ergänzt, das Standardwerk und die Grundlage für die italienische Schriftsprache geworden ist, die er schon in seiner "Eloquentia" vorbereitet hatte. Daher wird Dante – gemeinsam mit Petrarca und Boccaccio – als einer der Begründer der italienischen Literatur- und damit auch der Schriftsprache angesehen.

Ist in der Frühphase der Schriftlichkeit eine lautliche Sprachform die Basis, die es zu verschriften gilt, so bildet nach der Etablierung einer Schriftsprache die schriftliche Form die Grundlage für die Norm oder überhaupt für die Vorstellung von der Lautung dieser Sprache. Hierzu führt Josef Vachek aus:

> Da kann man nun sicher nicht leugnen, daß die ersten Schriftäußerungen einer Sprachgemeinschaft von den Sprechäußerungen ausgehen und daß die Schriftnorm eine bloße Transposition der Sprechnorm darstellen will. (…) Aber die spezifische Funktion der Schriftäußerungen erzwingt sich in jeder Sprachgemeinschaft sehr bald jene Autonomie der Schriftnorm … Und sobald dies geschehen ist, nimmt die Schriftnorm im System der sprachlichen Werte eine neue Stellung ein: Aus einem sekundären wird ein primäres Zeichensystem … (Vachek 1939/1976, 237).

Da die Entwicklung der deutschen Orthographie etwa Ende des 19. Jhs. einigermaßen abgeschlossen war, lag damit Anfang des 20. Jhs. eine stabile schriftliche Basis vor, die den Ausgangspunkt für Analysen der Lautstruktur der deutschen Schriftsprache bilden konnte.

Auf dieser Grundlage konnte Nikolaj Trubetzkoy (1939/1989) eine **Phonologie** der deutschen Sprache entwickeln. Zunächst grenzt er die Phonologie deutlich von der Phonetik ab. Während Einheiten der Phonetik konkreten Sprechakten zugeordnet werden, sind Einheiten der Phonologie eher theoretisch zu konstruierende Sprachgebilde, **Phoneme** genannt. Die Methode, in einer gegebenen Sprache Phoneme zu ermitteln, fasst Trubetzkoy in vier Regeln zusammen, wovon die zweite die Phonemdefinition beinhaltet:

> Wenn zwei Laute genau in derselben Lautstellung vorkommen und nicht miteinander vertauscht werden können, ohne daß sich dabei die Bedeutung der Wörter verändern oder das Wort unkenntlich werden würde, so sind diese zwei Laute phonetische Realisationen zweier verschiedener Phoneme. (Trubetzkoy 1939/1989, S. 44)

Das Verhältnis konkreter Sprechlaute zur Phonemebene beschreibt Trubetzkoy (1939/1989, S. 39) folgendermaßen: „Die konkreten Laute existieren nur, soweit sie Realisationen von Phonemen sind.“ Dieser Sichtweise Trubetzkoys folgend kann man für die konkreten Grapheme ebenfalls annehmen, dass sie Realisationen von Phonemen auf der schriftlichen Sprachebene sind. Daraus ergibt sich für die Wortformen einer Schriftsprache auf der Grundlage einer alphabetischen Schrift, dass – ausgehend von der Phonemfolge einer universalen Normebene – die Laute der zu sprechenden Wortform und die Grapheme der zu schreibenden Wortform jeweils die mündlichen und schriftlichen Realisationen einer gemeinsamen phonematischen Wortform darstellen (s. Abbildung 23).

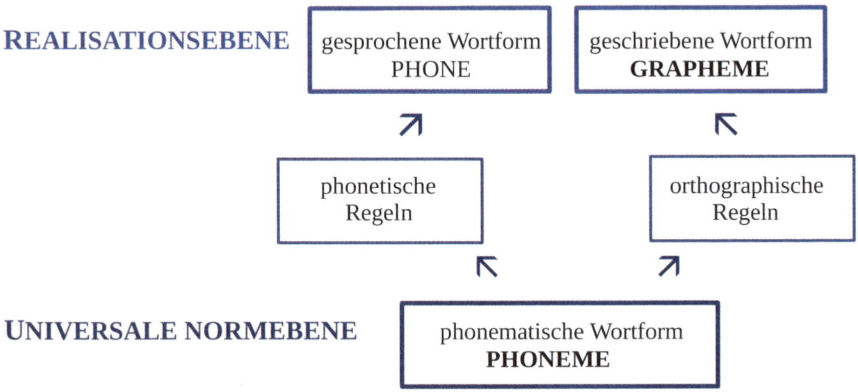

Abb. 23: Modell der deutschen Orthographie unter besonderer Berücksichtigung einer universalen Norm- und einer Realisationsebene

2.2 Warum Grapheme und nicht Buchstaben?

Man sollte meinen, dass nach einigen hundert Jahren von Arbeiten zur deutschen Orthographie schon bemerkt wurde, dass die Buchstaben des lateinischen Alphabets von A bis Z nicht eindeutig für die Laute der deutschen Schriftsprache stehen. Daraus könnte man folgern, dass andere schriftliche Einheiten zu definieren wären als Buchstaben, wenn man eine gewisse Entsprechung der lautlichen mit der schriftlichen Ebene sehen möchte. Ein durchaus nachvollziehbares Vorgehen wäre es, Einheiten zu definieren, die den Lauten der Standardsprache gegenüberstehen. Für die Analyse der deutschen Schriftsprache empfiehlt es sich, Grapheme abhängig von den Phonemen zu definieren, wie es etwa Klaus Heller (1980) vorschlägt. Wenn man das Geschriebene als Umsetzung von Phonemen in Grapheme auffasst, kann man sehen, dass einem Phonem stets ein bis vier verschiedene Grapheme als Möglichkeiten zur Verschriftung gegenüberstehen (wenn man die Fremdwortschreibungen und Eigennamen außer Acht lässt, sonst können es natürlich noch weit mehr sein). Entscheidend ist bei dieser Graphemkonstruktion – das wird in den weiteren Darlegungen deutlich –, dass in jeder Wortform die Zahl der Phoneme und die der Grapheme gleich groß ist. Das wird mit einer Auszählung von 100.000 Phonemen und Graphemen überprüft und in Kapitel 2.3 dargestellt. Heller (1975 u. ö.) führt zum Graphembegriff aus:

> daß ein Graphem aus einem oder mehreren Buchstaben bestehen kann, die sich in ihrer Gesamtheit auf ein Phonem beziehen, der graphischen Darstellung eines Phonems dienen. (Heller 1975, S. 72)

Nach Heller (1980) kann man die über die Phoneme definierten Grapheme, die **Phonographeme**, eindeutig in der Form:

<Schriftzeichen (korrespondiert mit)/Phonem/>

notieren, z. B. <eh/eː/> oder <ah/aː/>. Die graphisch zusammengesetzten Zeichen, also die aus mehreren Buchstaben bestehenden Grapheme, stehen als Ganzes für ein Phonem. Das betrifft alle zusammengesetzten Zeichen, also sowohl <**sch**/ʃ/>, <**ch**/x/> als auch <**eh**/eː/> oder <**mm**/m/>, <**tt**/t/> u. Ä. Diese Zeichen dürfen bzw. sollten nicht getrennt werden und auch nicht getrennt aufgefasst werden, denn es handelt sich hier um schriftliche Elemente, die **als Ganzes** für ein Phonem stehen.

Wenn wir Buchstaben und Grapheme nicht unterscheiden, wird es leicht möglich sein, im Wort *Handtasche* fälschlicherweise ein <dt/t/> zu sehen oder in *Mitteilung* ein <tt/t/>.

Dagegen stehen Positionen wie die von Peter Eisenberg (1985, S. 123), der zwar einen Zusammenhang zwischen graphemischer und phonologischer Ebene akzeptiert, es aber als fraglich ansieht: „ob das Graphem mithilfe des Phonems definiert werden soll.“ Stattdessen hält er es für möglich, „daß ein Grapheminventar phonemunabhängig etabliert werden kann“ (Eisenberg 1985, S. 124).

Historischer Exkurs

Weil die Römer mit ihren Buchstaben **Lang-** und **Kurzvokale** gleichermaßen geschrieben haben, fehlte bei der Übernahme der lateinischen Buchstaben für die Schreibung des Deutschen eine eindeutige Unterscheidung von Lang- und Kurzvokalen. Im Lateinischen schreibt man *malus* für *schlecht* und für *Apfel*, ebenso *liber* für *frei* und für *Buch*, jeweils im Lateinischen einmal mit Langvokal (*malus – Apfel* und *liber – frei*) und einmal mit Kurzvokal (*malus – schlecht* und *liber – Buch*) zu sprechen.

Da die meisten Sprachgelehrten des 16. Jahrhunderts gute Kenntnisse im Lateinischen, Griechischen und Hebräischen hatten, ist es durchaus nachvollziehbar, dass orthographische Verfahren aus einer der antiken Schriftsysteme auf die Schreibung des Deutschen übertragen wurden. Im Hebräischen wird oft ein ה *He* angefügt, das etwa dem lateinischen H entspricht, um anzudeuten, dass das Wort auf einen Vokal auslautet. Dem *He* selbst kommt dabei kein eigener Lautwert zu. Dieses Verfahren wird in der Grammatik als *mater lectionis* (*Lesehilfe*) bezeichnet. Daher ist es naheliegend, dass der Buchstabe H auch bei der Schreibung des Deutschen als Hilfszeichen **ohne** eigenen Lautwert verwendet wurde, nun als sog. **Dehnungs-h** zur Markierung eines Langvokals.

Die folgende Tabelle 2 zeigt, wie durch die Verwendung des „Lesehilfszeichens“ **-h neue Grapheme** geschaffen wurden, die eine eindeutige Schreibweise von Langvokalen ermöglichen.

i	+	h	=	<**ih**>
e	+	h	=	<**eh**>
a	+	h	=	<**ah**>
o	+	h	=	<**oh**>
ü	+	h	=	<**üh**>
ä	+	h	=	<**äh**>
u	+	h	=	<**uh**>
ie	+	h	=	<**ieh**>
ö	+	h	=	<**öh**>
ei	+	h	=	<**eih**>

Tab. 2: Übersicht über alle Grapheme, die mit einem Dehnungs-h gebildet werden, nach Häufigkeit sortiert

Die Interpretation eines h-Buchstabens, der eindeutig als ein Bestandteil eines **Graphems** zur Markierung einer Langvokalschreibung fungiert, als silbentrennendes-h mit eigenem Lautwert, kann nur als Fehler angesehen werden. Dieser Fehler liegt in einer buchstabenweisen Lesung deutschsprachiger Wörter, die offenbar die Existenz zusammengesetzter Grapheme an dieser Stelle ignoriert.

Wortformen, die ein mit -h erweitertes Graphem enthalten, müssen allerdings deutlich unterschieden werden von Formen wie *be-halten*, bei denen die Zeichenfolge e h kein <eh/eː/> darstellt, sondern ein <e/ə/>, gefolgt von einem <h/h/>. Eine Liste mit 1.800 Haupteinträgen und Nebenformen, die Wortformen eindeutig nach Phonemen und Graphemen gegliedert zeigt, findet sich in „Deutsche Wörter nach Laut- und Schrifteinheiten" (Thomé & Thomé 2016, s. Abbildung 39, S. 91).

Beispiele

	graphemweise gegliedert
geheilt	<g-e-h-ei-l-t>
g**eh**en	<g-**eh**-e-n>
f**eh**len	<f-**eh**-l-e-n>

Empirischer Teil

2.3 Häufigkeitsauszählung zur deutschen Orthographie

Wie alphabetisch ist die Schreibung des Deutschen? Nach dem bisher Dargestellten wäre zunächst zu prüfen, ob sich überhaupt Phoneme und Grapheme definieren lassen, die in deutschsprachigen Texten restlos einander zugeordnet werden können. Hierfür war ein entsprechend umfangreiches Korpus in phonematischer und in orthographischer Form aufzubereiten und auszuzählen. Als Ergebnis wurden Antworten auf folgende Fragen erwartet:

1. **Wie kann ein Inventar von Phonemen und zugeordneten Graphemen aussehen?**
2. **Ist eine restlose Zuordnung von Graphemen zu Phonemen in deutschsprachigen Texten möglich?**
3. **Wie sehen die absoluten und relativen Zahlenverhältnisse aus?**

Für die Auszählung wurden deutschsprachige Texte ausgewählt und zusammengestellt, die nach ihrer lautlichen Gliederung 100.000 Phoneme beinhalten. Die Texte sollten von der Textsorte her eine allgemeine deutsche Schrift- oder Literatursprache repräsentieren. Nach der Vorstellung, dass man in einem Sprachsystem ein Zentrum von einer Peripherie unterscheiden kann (vgl. Heller 1981, Scharnhorst 1993), bezieht sich die hier dargestellte Auszählung auf das Zentrum der deutschen Schriftsprache.

Daher wurden Fachtexte vermieden wie etwa aus der Chemie oder Medizin, die erwartbar einen zu großen Anteil an Fremdwörtern mit Graphemen wie <ph/f/>, <th/t/> oder <y/ʏ/> u. Ä. aufweisen. Ande-

isb

Günther Thomé
Dorothea Thomé

Deutsche Wörter nach Laut- und Schrifteinheiten gegliedert

Basiskonzept Rechtschreiben, über 1800 Einträge

124 S., A5, komplette Ökoproduktion, 18,80 € [D]
ISBN 978-3-94212243-6, 2., bearbeitete Auflage.

Aus dem Vorwort

In diesem Buch soll es um die Schulung Ihres diagnostischen Blicks und um **(über-)individuelle Förderkonzeptionen** gehen. Dabei soll gezeigt werden, dass Diagnostik nicht zu einer zusätzlichen Belastung führt, sondern zu einer Bereicherung, die Ihnen als Lehrkraft **Sicherheit und Handlungspotential** bietet. Die Einordnung von Kompetenzständen und die Entwicklung von Förderkonzepten werden durch geeignete Verfahren erleichtert und – ganz wichtig im schulischen Alltag – die Rückmeldung an SuS und Eltern können mittels der Verfahren **greifbarer und transparenter** werden.

mit erfolgreichen Fördertipps, die erprobt und bewährt sind

Inhalt

Bestellung über https://katja-siekmann.de/verlag/
den Buchhandel oder gerne unter:
https://www.isb-oldenburg.de/materialien.html
viele Leseproben, schneller u. portofreier Versand

Durch stetig sinkende Rechtschreibleistungen gewinnt das Thema Rechtschreibförderung enorm an Bedeutung. Mit dem Diagnoseprogramm OLFA-Online können Lehr- und Förderkräfte frei geschriebene Texte von Lernern mit großen Rechtschreibschwierigkeiten analysieren, passgenaue individuelle Rückmeldungen geben und Lernverläufe dokumentieren.

Aus zwei Deutschaufsätzen werden beispielsweise alle Rechtschreibfehler in eine Liste eingetragen. Die Auswertung übernimmt dann das Programm und meldet das Ergebnis anschaulich als Gutachten und über verschiedene Grafiken zurück.

Eine professionelle Förderung wird durch die motivierende und individuelle Lerndiagnostik konstant und erfolgreich unterstützt.

Kosten pro Jahr: 24,80 € (360 Analysen möglich, verlängert sich nicht automatisch), **www.olfaonline.de**, weitere Lehr- und Lernmaterialien, meist in kompletter Ökoprod. hergestellt unter **www.isb-oldenburg.de**

Passend dazu **OLFA 3–9⁺**, 7., überarbeitete Aufl. 60 S., A4, 22,80 € u. weiteres Material, portofreier und schneller Versand: www.isb-oldenburg.de

Mit OLFA erfolgreich die Rechtschreibkompetenz u. -leistung erfassen und kontinuierlich verbessern

rerseits eigneten sich Wörterlisten aus Wörterbüchern auch nicht, da dort recht seltene und sehr häufig auftretende Wörter nur je einmal verzeichnet sind.

Weiterhin war zu bedenken, dass **Fremdwörter**, wenn sie nach den Gewohnheiten der Ausgangssprache ausgesprochen werden, wie etwa *Teint, Trikot, Training* usw., zahlreiche Phoneme aus Fremdsprachen in deutschsprachige Äußerungen einbringen, die die Zahl der Types deutlich erhöhen, aber durch ihre geringe Auftretenshäufigkeit als Tokens kaum ins Gewicht fallen. Hierdurch könnten sich Probleme der Übersichtlichkeit in der Darstellung der Ergebnisse ergeben.

Daher wurden einige Märchen aus der Sammlung der Brüder Grimm mit ca. 11.000 Wörtern sowie die ersten rd. 7.000 Wörter aus dem Roman „Das Schloss" von Franz Kafka und die ersten rd. 6.000 Wörter aus dem Roman „Stechlin" von Theodor Fontane für eine Auswertung aufbereitet. Diese bestand darin, dass jedes Wort in seiner Phonemform und in seiner orthographischen Form in eine computerlesbare Liste eingegeben wurde. Mit einem für diesen Zweck erstellten Computerprogramm wurde ausgezählt, wie oft die vordefinierten Phonem-Graphem-Korrespondenzen auftraten. Mögliche Fehler bei der Auswertung, wie fälschliche Interpretation von Zeichenfolgen als Grapheme wie *<sch> in *Häs|chen* anstatt <s> plus <ch> oder *<rr> in *Fahr|rad* anstatt <r> plus <r>, wurden durch besondere Einstellungen und Kontrollen im Programm vermieden.

Gegenüber früheren Auszählungen von Buchstabenhäufigkeiten (besonders von Meier (1978) haben Meinhold & Stock (1982) eine erste graphemorientierte Untersuchung der Schreibungen von Langvokalen vorgelegt. Weitere **Häufigkeitsauszählungen** zu den Phonem-Graphem-Beziehungen finden sich bei Naumann (1989, 1999, 2014, 2016a und c), Thomé (1992) und Thomé, Siekmann & Thomé (in aktualisierter Auflage 2016, die abweichend von der hier vorgestellten Untersuchung noch einige Fremdwortgrapheme enthielt; vgl. a. Thomé & Thomé 2016, Siekmann & Thomé 2018).

2.4 Ergebnisse der 100.000er-Auszählung

Die Tabelle 3 zeigt sowohl die absoluten Häufigkeiten der Phoneme sowie die prozentuale Häufigkeit der jeweiligen Phonem-Graphem-Korrespondenz.

Die Tabelle (S. 55–59) ist folgendermaßen zu lesen. In der ersten Zeile befindet sich das jeweilige Phonem in der üblichen Umschrift.

In den darunterstehenden Spalten wird zunächst ein Beispielwort genannt, danach das entsprechende Graphem oder die entsprechenden Grapheme. Die dritte Spalte zeigt die absolute Häufigkeit innerhalb der 100.000 Einheiten und die letzte Spalte den prozentualen Anteil des jeweiligen Graphems an allen Verschriftungen des Phonems.

100.000 Phoneme-Grapheme des Deutschen

Phoneme	Grapheme	absolut	% anteilig
VOKALE			
/au̯/			
bauen	au	1035	100
Summe		1035	
/aː/			
Tal	a	2223	90,92
sah	ah	185	7,57
Haar	aa	37	1,51
Summe		2445	
/aɪ̯/			
drei	ei	2347	99,53
weihen	eih	7	0,3
Mai	ai	4	0,17
Summe		2358	
/a/			
hat	a	3723	100
Summe		3723	
/eː/			
Weg	e	2287	85,75
Fehler	eh	338	12,67
See	ee	42	1,57
Summe		2667	
/ɔʏ̯/			
Leute	eu	162	81,82
Bäume	äu	36	18,18
Summe		198	
/ə/			
Blume	e	9602	100
Summe		9602	
/ɛ/			
schnell	e	2089	87,48
bäckt	ä	299	12,52
Summe		2388	

/iː/			
Wiese	ie	1959	72,39
ihr	ih	481	17,78
dir	i	229	8,46
zieht	ieh	37	1,37
Summe		2706	
/ɪ/			
mit	i	3959	99,75
vierzig	ie	10	0,25
Summe		3969	
/oː/			
rot	o	966	88,95
wohl	oh	118	10,87
Moos	oo	2	0,18
Summe		1086	
/ɔ/			
doch	o	1460	100
Summe		1460	
/uː/			
Mut	u	1034	96,1
Schuh	uh	42	3,9
Summe		1076	
/ʊ/			
kurz	u	1837	100
Summe		1837	
/ɛː/			
Bär	ä	127	69,02
gähnen	äh	57	30,98
Summe		184	
/øː/			
schön	ö	183	86,73
fröhlich	öh	28	13,27
Summe		211	

/œ/			
völlig	ö	113	100
Summe		113	
/yː/			
über	ü	311	78,14
Mühle	üh	87	21,86
Summe		398	
/ʏ/			
Hütte	ü	302	100
Summe		302	
Phoneme	**Grapheme**	**absolut**	**% anteilig**
KONSONANTEN			
/k͜s/			
Fuchs	chs	27	71,05
Axt	x	11	28,95
Summe		38	
/x/			
ich/acht	ch	2623	92,1
König	g	225	7,9
Summe		2848	
/k/			
klein	k	1201	57,82
Berg	g	556	26,77
Zweck	ck	320	15,41
Summe		2077	
/b/			
Bild	b	2016	100
Ebbe	bb	0	0
Summe		2016	
/p/			
Platz	p	401	53,18
Korb	b	304	40,32
Suppe	pp	49	6,5
Summe		754	

/d/			
durch	d	4443	100
Kladde	dd	0	0
Summe		4443	
/t/			
mit	t	5484	73,71
und	d	1517	20,39
bitte	tt	417	5,6
Stadt	dt	22	0,3
Summe		7440	
/g/			
gut	g	2099	99,95
Egge	gg	1	0,05
Summe		2100	
/ʃ/			
schon	sch	896	58,99
Stein	s	623	41,01
Summe		1519	
/s/			
Eis	s	2630	76,21
Fluss	ss	540	15,65
Fuß	ß	281	8,14
Summe		3451	
/z/			
Sonne	s	2483	100
Summe		2483	
/v/			
Wasser	w	2271	100
Summe		2271	
/f/			
Fisch	f	1497	65,43
Vogel	v	732	31,99
Schiff	ff	59	2,58
Summe		2288	

/pf/			
Apfel	pf	94	100
Summe		94	
/r/			
für	r	7826	98,95
starr	rr	83	1,05
Summe		7909	
/l/			
lieb	l	3029	83,4
schnell	ll	603	16,6
Summe		3632	
/h/			
heute	h	1467	100
Summe		1467	
/m/			
zum	m	2456	89,21
immer	mm	297	10,79
Summe		2753	
/ŋ/			
Ring	ng	511	82,55
krank	n	108	17,45
Summe		619	
/n/			
nicht	n	10092	95,28
kann	nn	500	4,72
Summe		10592	
/j/			
ja	j	230	100
Summe		230	
/ts/			
zu	z	1052	87,16
Satz	tz	155	12,84
Summe		1207	
/k/+ /v/			
quer	qu	11	100
Summe		11	
gesamt		**100.000**	

Tab. 3: Phonem-Graphem-Beziehungen im Kernwortschatz des Deutschen (in ähnlicher Form in Thomé & Thomé 2016; Siekmann & Thomé 2018)

2.5 Interpretation der Ergebnisse der 100.000er-Auszählung

Das bedeutendste Resultat ist die Tatsache, dass sich 100.000 Phonemen, in die die genannten Texte (s. Kapitel 2.3) umgeschrieben wurden, genau 100.000 Grapheme zuordnen ließen. Weiterhin sind die Zahlenverhältnisse interessant, wie die Phoneme durch die jeweiligen Grapheme verschriftet werden. Damit ist gesichert, dass die ursprüngliche Absicht der Schriftkonstrukteure des Deutschen, mit der lateinischen Schrift die Laute der deutschen Sprache zu schreiben, im Prinzip verwirklicht werden konnte, allerdings in der Form der vorliegenden Grapheme in Beziehung auf die Phoneme des Deutschen. Immerhin ist das zahlenmäßige Verhältnis von Phonemen und Graphemen im zentralen Wortschatz des Deutschen 1 : 1, die Peripherie mit Eigennamen und Fremdwörtern ausgenommen.

Von den angesetzten 84 Graphemen (*Types*) finden sich insgesamt 82 in der vorliegenden Auszählung. Die Grapheme <dd> und <bb> kamen zwar in den ausgewerteten Texten nicht vor, werden aber weiterhin als Einheiten der deutschen Orthographie aufgeführt, da sie im Lexikon mit Belegen wie *Kladde* oder *Ebbe* vertreten sind und im heutigen Sprachgebrauch verwendet werden. Die Beobachtung, dass einige prominente Repräsentanten wie *Robbe* oder *Ebbe* eher dem norddeutschen Sprachraum zugerechnet werden, sollte daran nichts ändern. Die Zeichenfolge <q> + <u> wird nicht als ein Graphem angesehen (s. u.) und daher nicht mitgerechnet.

Zu /k͜s/: In der Literatur wird gelegentlich die Affrikate /k͜s/ nicht von der Phonemfolge /k/ + /s/ unterschieden, woraus dann resultiert, dass auch ein Graphem *<ks> als mögliche Schreibung der Affrikate /k͜s/ angenommen wird. Das *<ks> ist aber kein Graphem des deutschen Schriftsystems. Der Affrikate /k͜s/ stehen nur die Grapheme <chs> und <x> gegenüber.

Zu /x/: Für die beiden Laute [ç] wie in *sich* und [x] wie in *acht*, die beide als stellungsbedingte Varianten eines Phonems angesehen werden müssen, gibt es bisher noch keine Konvention für eine phonematische Umschrift. Hier wird als Phonemzeichen das /x/ verwendet (s. August 1984, S. 69; Eisenberg 1988, S. 142; ähnlich a. Eisenberg 1995, S. 31 und S. 34, 1998, S. 30).

Zu <v> für /v/: Bei der Durchsicht der Daten zeigte sich, dass das Graphem <v/v/> ausschließlich in Fremdwörtern vorkam. Da mit der Auszählung die Phonem-Graphem-Verhältnisse im Kernwortschatz des Deutschen dokumentiert werden sollten, schien es angebracht, Wörter mit dem Graphem <v/v/>, wie *Livree, trivial, Perspektive,* im auszuzählenden Korpus durch andere Wörter zu ersetzen. Im konkreten Fall wurden die entsprechenden Wörter entfernt und durch Wörter aus Kafkas Roman,“Das Schloss“, ergänzt, um im Korpus die Menge von 100.000 Phonemen und Graphemen wieder zu erreichen.

Zu lautlich /k/+/v/ schriftlich <q>+<u>: Im Phönizischen wie in den meisten semitischen Sprachen ist es möglich, dass drei Varianten von Konsonanten eines bestimmten Artikulationsortes existieren, z. B. als velare Verschlusslaute neben /g/ und /k/ ein /q/, wofür im Phönizischen drei entsprechende Zeichen standen, 𐤂, 𐤊 und 𐤒.

In den meisten indoeuropäischen Sprachen treten dagegen nur zwei Varianten auf, hier /g/ und /k/. Aus Unkenntnis der Differenzen der Lautverhältnisse zwischen dem Phönizischen und den schriftentlehnenden Sprachen wurde das Zeichen 𐤒, später umgeformt zu Q (als Kleinbuchstabe q), in das lateinische und später in das deutsche Schriftsystem übernommen, in der Regel stets gefolgt vom Zeichen v bzw. u. Die Zeichenfolge <q> + <u> für die Lautfolge /k/ + /v/, beispielsweise in ***Qu**elle* oder ***qu**er*, hat also ausschließlich **schrifthistorische Gründe** und ist in keiner Weise phonologisch begründet. Diese Schreibungen könnten daher im Deutschen durch <k> + <w> ersetzt werden. Im Dänischen ist dies der Fall, beispielsweise bei ***kv**adrat* (*Quadrat*), ***kv**alitet* (*Qualität*) usw., ähnlich auch im Niederländischen.

Die oben stehende Tabelle 3 zeigt, dass einigen Phonemen, wie /ə/ oder /j/, nur jeweils ein Graphem gegenübersteht. Hier sind die Verhältnisse – zumindest für das Schreiben – einfach. Oft stehen aber mehrere Grapheme als Schreibmöglichkeiten für ein Phonem zur Verfügung, wobei eines davon – meist mit deutlichem Abstand – den übrigen zahlenmäßig überlegen ist und als grundlegende Schreibung angesehen werden kann. Gerhard Augst (1984, S. 68 f.) hat in einer Übersicht die grundlegenden Schriftzeichen als „Basis" benannt. Dieser Begrifflichkeit folgend nennen wir das jeweils häufigste Graphem aus der Menge der mit einem Phonem korrespondierenden Grapheme **Basisgraphem** und die seltenen **Orthographeme** (vgl. Thomé 1992). Auch Carl Ludwig Naumann (bereits 1989, vgl. a. 2017) unterscheidet häufige und seltenere Grapheme und nennt sie **Mehrheits**- und **Minderheitsschreibungen**.

Wenn für die Schreibung eines Phonems in einem Wort mehrere Grapheme zur Verfügung stehen, ist die Auswahl für eine normgerechte Schreibung nicht beliebig, sondern folgt gewissen Grundsätzen, nach denen die Orthographietheoretiker der vergangenen Jahrhunderte die deutsche Orthographie geformt haben. Damit kommt bei den selteneren Graphemen, den Orthographemen, zu den lautlichen Informationen, die das Graphem bietet, noch eine weitere hinzu. Die Begründungen (für diese Orthographeme) werden schon seit Jahrhunderten als **Prinzipien der deutschen Orthographie** beschrieben (vgl. Rahnenführer 1980; s. a. Kapitel 1.4).

Diese Grapheme stellen für das Schreiben eine gewisse Erschwernis dar, bieten aber für das Lesen einen deutlichen Komfort. In den meisten Fällen kann man an der äußeren Form eines Orthographems bereits erkennen, welche Zusatzinformation es bietet und welchem Prinzip es dementsprechend zugerechnet wird. Die **Basisgrapheme**, die über 90 Prozent aller Grapheme in deutschsprachigen Texten stellen, und die jeweils häufigste oder die einzige Verschriftungsvariante eines Phonem darstellen, vermitteln nur den jeweiligen Lautwert des entsprechenden Phonems, das sie repräsentieren. Diese Funktion wird allgemein als **Lautprinzip** bezeichnet.

Die **Orthographeme** geben ebenfalls an, für welches Phonem sie stehen, zusätzlich ist ihnen aber noch eine weitere Information zu entnehmen. So hat etwa das Orthographem <**äu**/ɔ͜ʏ/> in *Geb**äu**de* neben der Funktion einer Lautinformation /ɔ͜ʏ/, die es mit dem Basisgraphem <eu/ɔ͜ʏ/> teilt, noch die Funktion, durch seine Formähnlichkeit auf <au/a͜ʊ/> hinzuweisen und damit im gewählten Beispiel auf das Stammmorphem *bau*. Diese Funktion nennt man das **Stammprinzip**.

Andere Orthographeme können nach ihrer Funktion ebenfalls dem Stammprinzip zugeordnet werden. So stellt das Orthographem <**d**/t/> in Wörtern wie *Hun**d*** oder *mil**d*** auf der schriftlichen Ebene eine Gemeinsamkeit mit der jeweiligen Wortwurzel her, die je nach grammatischer Form und entsprechender Silbenstruktur entweder ein /t/ oder ein /d/ an derselben Stelle aufzeigt. Durch die Schreibung eines <d> in allen Formen wird der gemeinsame Wortstamm betont.

Orthographeme wie <**eih**/aɪ/> und <**ieh**/iː/>, wie man sie in *W**eih**nachten* oder in *V**ieh*** findet, gehen auf sehr alte Schreibungen dieser Wörter oder Morpheme zurück und wurden aus verschiedenen Gründen beibehalten. Dieses Festhalten am Schreibgebrauch, mit seinem lateinischen Begriff *usus scribendi* genannt, bezeichnet man als **historisches Prinzip**.

Neben nachvollziehbaren Markierungen haben sich einige sinnlose Schreibungen erhalten, die wir auch dem historischen Prinzip zuordnen müssen, denn schließlich hat sich hier nur der Schreibgebrauch durchgesetzt. Dazu gehört <**v**> für /f/. Dass z. B. ***V**ater* mit V geschrieben wird, bietet keine weitere Information außer der des Lautwertes, genauso wie bei den Wörtern ***v**ier*, ***V**ogel* und allen übrigen rund zehn häufigen Morphemen mit <**v**> für die Lautung /f/. Bei Schreibungen mit dem Basisgraphem f wie **Fater*, **fier*, **Fieh* und **Folk* würde sich an der Lautform nichts ändern, an der Verständlichkeit nichts verlorengehen, andererseits wäre sogar eine gewisse Brücke zu den verwandten Wörtern im Englischen gebaut. Lediglich zur Vermeidung einer Gleichschreibung bei gleichlautenden Wortformen, nämlich *fiel* (von *fallen*) und **fiel* (als Mengenbezeichnung), müsste man eine Lösung finden.

Bei der Kopula *und* haben wir den seltenen Fall, dass ein gleich aussehendes Orthographem, nämlich <**d**/t/>, was oben dem Stammprinzip zugeordnet wurde, nun aber auf andere Weise erklärt wird. Aus einem *unde* in älteren Sprachstufen wurde durch den Wegfall des Schwa /ə/ die lautliche Form /ʊnt/. Während in *unde* (/ʊndə/) das <d/d/> noch Basisgraphem ist, wird nun das <d> in *und* /ʊnt/ zum Orthographem <**d**/t/>. Offenbar wurde das <d> trotz der Lautänderung beibehalten, weil man im Schreibgebrauch bei einem so häufig verwendeten Wort an der gewohnten Form festhalten wollte. Damit muss man das Orthographem im Wort *und* ebenfalls zum historischen Prinzip rechnen.

Eine weitere Erklärung von Orthographemen stellt die Funktion der Unterscheidung von **Homophonen** (gleichlautenden Wörtern) dar. Wenn man im Deutschen z. B. die Lautfolge /vɑːl/ mit Basisgraphemen verschriften wollte, würde daraus die Zeichenfolge WAL resultieren. Damit wäre dann auf der schriftlichen Ebene der große Meeressäuger von einer Stimmabgabe an einer Urne nicht zu unterscheiden. Hier einigte man sich im Laufe der Jahrhunderte, eine Form unmarkiert zu schreiben (hier *Wal*) und die andere Form markiert (als *Wahl*). Ähnliches findet man bei *Seite* und *Saite*. Dass zwei verschiedene Markierungen desselben Phonems auftreten (wie *mehr* und *Meer*) und dann keine unmarkierte Form **mer* übrig blieb, konnte gelegentlich passieren. Insgesamt wird die Andersschreibung von gleichlautenden Wörtern als **Prinzip der Homophonie- oder Homonymieunterscheidung** bezeichnet.

Die Grapheme des Deutschen können eingeteilt werden in:

rd. 90 %	**unmarkierte Schreibung der Phoneme (als Basisgrapheme)**
rd. 5 %	**markierte Schreibungen zur Unterscheidung von Lang- und Kurzvokal (als Orthographeme) und**
rd. 5 %	**wegen Bewahrung des Wortstammschemas oder Übernahme historischer Formen (als Orthographeme, vgl. a. Corvacho del Toro 2017).**

3 Didaktik der deutschen Orthographie

3.1 Konzepte des Rechtschreibunterrichts

In den didaktischen Konzepten zum Lesen- und Schreibenlernen der letzten 500 Jahre wird das sprachliche Material, das man für den Unterricht am geeignetsten hält, auf unterschiedliche Weise gegliedert. So kann man als Einheiten, die sich nach Ansicht der Didaktiker am besten für den Einstieg in die Schriftsprache eignen, **Buchstaben**, **Silben**, **ganze Wörter** und sogar **ganze Sätze** finden.[2]

Allerdings ist bereits die Frage, ob es sich bei den didaktischen Konzepten um Anleitungen zum Lesen- oder Schreibenlernen handelt, nicht immer klar zu entscheiden. In den früheren Jahrhunderten geht es in erster Linie um das **Lesenlernen**, nur ganz am Rande um das Schreibenlernen. Selten werden die beiden Bereiche klar getrennt. Daneben wird auch nicht immer deutlich, was mit Schreibenlernen gemeint ist. Denn dieses kann sich auf das Erlernen der Orthographie beziehen, aber auch auf das förmliche Abfassen von Briefen und Bittschriften oder auf die Gestaltung der Buchstabenformen, also das Schönschreiben.

Buchstabendidaktik

Einer der frühen und auch heute noch gelegentlich erwähnten Didaktiker ist Valentin Ickelsamer, der sich in seinen Büchern (1527, 1534) überwiegend mit dem Lesenlernen befasst. Ickelsamer geht zunächst davon aus, dass die **Kenntnis der Buchstaben** eigentlich schon die Grundlage zum Lesenlernen sei: „… welcher dise Buchstaben recht

2 Für weitere Ausführungen zur Geschichte der Rechtschreibdidaktik vgl. Frank (1973), Menzel (2004), Glinz (2006), Ossner (2006), Topsch (2006), Reißig (2011), Noack (2015); mit stärkerer Betonung der Orthographietheorie vgl. Gardt (1999) und Maas (2011).

kan/ der kan schon lesen (…) So ist dises lesen nichts anders/ dann die Buchstaben nennen“ (Ickelsamer 1534, Blatt A VIIr). Interessant ist es, dass er bei der Einführung der Buchstaben empfiehlt, nicht die Namen der Buchstaben zu nennen, also Be, Ce, De usw., sondern möglichst nur die reinen Lautwerte. Zum silbenorientierten Lesen bemerkt er: „Aber also worts oder sillabes weyse seind die Buchstaben dem lesen lernenden mehr hinderlich dann dienstlich“ (Ickelsamer 1534, Blatt A VIIv).

Gegen das Einführen aller Buchstaben zu Beginn des Leselehrgangs spricht sich Peter Jordan in seiner „Leyenschul“ (1533) aus, weil das die Lerner zunächst überfordern könnte. Stattdessen empfiehlt er, am Anfang nur die **Vokalbuchstaben** mit beigefügten Bildern als Aussprachehilfe vorzustellen, also eine frühe Form der **Anlauttabelle** (s. Abbildung 24). Damit man lerne, sie:

> … mit jren rechten natürlichen namen nennen vnd auß sprechen/ hab ich eynem yeclichen buchstaben eyn figur odder Caracter/ eyns dings/ daß mit solchen buchstaben angestimmet vnd beschrieben wirt/ zugesetzt/ vff daß sie dar durch eyn anleytung haben/ die buch staben zu nennen. (Jordan 1533, Blatt A IIIr, hier Reprint von 1987, S. 15).

Abb. 24: Jordan (1533, A IIIv; hier Reprint von 1987, S. 16) führt in seiner frühen Anlauttabelle zu den Vokalen beim u die beiden Formen u und v (zum Wort Uhr) auf

Konsonantenbuchstaben wurden noch vor rund 100 Jahren eindeutig mit ihren Buchstabennamen benannt, also Be, Ce, De, Ef, Ge, Ha usw. Der Reim in der Abbildung 25 zeigt beispielsweise eindeutig, dass hier nicht der konsonantische Lautwert zu nennen ist, sondern der Buchstabenname Ge. Allerdings ist bis heute in Bezug auf die **Vokalbuchstaben** noch die Unsitte verbreitet, diese mit ihren Buchstabennamen zu nennen, wobei der Buchstabenname ausschließlich dem Langvokal entspricht: A, E, I, O und U. Kurzvokale werden nicht genannt. So findet man z. B. selten die korrekte Nennung des Kurzvokals im Zentrum des Wortes *Sonne* als /ɔ/. Es wird bei einer Buchstabengliederung hier fast immer ein /oː/ genannt. Beim E fällt nach der **Buchstabendidaktik** nicht nur die Längen- und Kürzenunterscheidung weg, sondern der komplette Lautwert von /ə/ und auch meist von /ɛ/.

*Abb. 25: „Der **G**eck erschrickt hier vor dem **G**, die **G**ans lernt nie das A-B-C“ (GLAßBRENNER 1850, Reprint o. J., S. 4)*

Heutige buchstabenorientierte Ansätze

Die vielen Menschen einleuchtend erscheinende aber letztlich primitivste und anspruchsloseste Methode, Kinder in die heutige Schriftsprache einzuführen, besteht darin, eine Liste von Buchstaben vorzustellen, die bis auf die Zeichen J, K, U und W einem spätantiken oder frühmittelalterlichen Alphabet entspricht (s. Abbildung 21), also einer Liste der **Buchstaben von A bis Z**, wie sie vor weit über tausend Jahren aktuell war.

Abb. 26: Zwei Buchstabentabellen von A bis Z (1. von Sara Ball 2016, 2. „Unser Grundwortschatz“ von Schwartz, Winter & Warwel 1983, Titelblatt)

Daran ändern auch Bilder von Tieren, die auf possierliche Weise in den Buchstaben herumklettern, oder Bilder, die Tiere, Menschen oder Gegenstände darstellen, deren schriftliche Bezeichnung mit dem entsprechenden Buchstaben beginnen, recht wenig (s. Abbildung 26).

Was ist gegen die Abc-Listen einzuwenden?

Mit der Vorstellung der Abc-Listen und dem Nennen der Buchstaben wird unausgesprochen vermittelt, diese Buchstaben stünden für die Laute unserer Sprache. Die Entwicklung der Schreibung des Deutschen über viele Jahrhunderte wird dabei einfach übergangen. Im antiken Abc fehlen eine ganze Reihe von grundlegenden Schrifteinheiten, die wir im Deutschen täglich gebrauchen. Um nur einige zu nennen, es fehlen wichtige Grapheme (wie <ie>, <ä>, <ö>, <ß>, <ch>, <sch> oder <ng>), alle Grapheme mit Dehnungs-h (wie <eh>, <ah>, <uh>) und alle Doppelkonsonanten-Grapheme (wie <ll>, <mm>, <nn>, <ck>). Daneben ist bedenklich, dass nur jeweils ein Vokalbuchstabe zu sehen ist, der i. d. R. als Langvokal aufgefasst wird. Das heißt, bei vielen Wörtern führt das Nennen der Buchstabennamen (A, E, I, O, U) zu einer falschen Lautanalyse. Danach hätte *Mitte* fälschlicherweise ein langes i und *Sonne* ein langes o.

Buchstabe	Grapheme, in denen der betreffende Buchstabe enthalten ist
A	<**a**/a/> <**a**/ɑː/> <**au**/ɑ͜ʊ/> <**a**h/ɑː/> <**aa**/ɑː/> <**a**i/a͜ɪ/>
B	<**b**> <**bb**>
C	<**c**h> <s**c**h> <**c**k> <**c**hs> <**c**> (nur Fremdwörter u. Eigennamen)
D	<**d**/d/> <**d**/t/> <**d**t> <**dd**>
E	<**e**/ə/> <**e**i/a͜ɪ/> <**e**/eː/> <**e**/ɛ/> <i**e**/iː/> <**e**h/eː/> <**e**u/ɔ͜ʏ/> <**ee**/eː/> <i**e**h/iː/> <i**e**/ɪ/> <**e**ih/a͜ɪ/>
F	<**f**> <p**f**> <**ff**>
G	<**g**> <n**g**> <**gg**>
H	<c**h**> <**h**> <sc**h**> <i**h**> <e**h**> <a**h**> <o**h**> <ü**h**> <ä**h**> <u**h**> <ie**h**> <ö**h**> <c**h**s> <ei**h**>
I	<**i**/ɪ/> <e**i**/ɑ͜ɪ/> <**i**e/iː/> <**i**h/iː/> <**i**/iː/> <**i**eh/iː/> <**i**e/ɪ/> <e**i**h/a͜ɪ/> <a**i**/a͜ɪ/>
J	<**j**>

Tab. 4: Übersicht über das Verhältnis von Buchstaben und Graphemen, nur für die ersten zehn Buchstaben des Alphabets, jeweils nach ihrer Häufigkeit sortiert (bei einigen Graphemen sind die ihnen entsprechenden Phoneme angegeben)

Abb. 27: Die Grundschrift-Schreibtabelle (Grundschulverband, Quelle: www.foerderhefte.de/Media/Shop/a2_poster_schreibtabelle_ s1.gif; Zugriff am 9. 3. 2018)

Sicherlich bieten Tabellen, wie die hier gezeigte (s. Abbildung 27), schon einige Vorteile gegenüber Listen mit Buchstaben von A bis Z, aber im Grunde ist oft nur die Reihenfolge des Abc geändert, und es sind einige zusammengesetzte Grapheme aufgenommen wie <sch> und <ng>. Andererseits geben die Graphemfolgen im abgebildeten Beispiel wie <s>+<t> und <s>+<p>  (s. letzte Zeile in der Abbildung 27) für den Anfangsunterricht keinen Sinn, weil es sich erstens nicht um einzelne Grapheme (also Einheiten), sondern um zwei Grapheme handelt und zweitens, weil das <s/ʃ/> ein Orthographem darstellt. Orthographeme sollten im frühen Anfangsunterricht möglichst noch wenig oder gar nicht behandelt werden. Wenn man die ersten Orthographeme einführt, dann nicht gerade diese.

Weiterhin kann man sich fragen, ob das C als Hilfe zum Lesen von Wörtern wie *Clown* und *Computer* den Erstklässlern vorgestellt wird oder ob diese Bilder als Rechtfertigung des Buchstabens C in der Tabelle dienen sollen. Das Wort *Clown* ist – neben vielen anderen Wörtern wie *Banane, Salami, Delfin* oder *Tomate* (s. a. Abbildung 33) – außerdem kein gutes Muster, um die Regelhaftigkeit der deutschen Schriftsprache erlernen zu können (über die didaktische Relevanz der Häufigkeitsverteilungen vgl. Sasse & Valtin 2014a, 2016; Hoffmann-Erz 2015; Corvacho del Toro, Thomé & Thomé 2016 und Thomé, Corvacho del Toro & Thomé 2016).

Einige Didaktiker, denen die Abc-Listen und -Tabellen etwas veraltet vorkamen, versuchten mit **Anlauttabellen** ein etwas moderneres Konzept (s. Abbildung 28) vorzulegen. So sollten die Kinder nach eigener Lautanalyse von Wörtern die entsprechenden Schriftzeichen anhand von Anlautbildern finden und schreiben können (zurzeit ist eine heftige Diskussion um die Reichen-Methode „Lesen durch Schreiben" entbrannt, vgl. Reichen 1988; dazu Thomé 1996, 2000c). Abgesehen davon, dass Lese- und Schreibanfänger noch nicht über die Standardlautung verfügen (vgl. Kapitel 3.2), sind auch die vorgestellten Schrifteinheiten in der Regel nicht günstig. Als Beispiel sei nur der *Igel* genannt, der fast in jeder Buchstaben- oder Anlauttabelle auftritt, der aber mit seinem Graphem <i/iː/>, also einem einfachen **i** für den Langvokal, eine seltene Schreibung für das lange i als grundlegend vorstellt.[3] Nach unseren Berechnungen (s. Kapitel 2.4) wird nur in rd. 8,5 % aller Fälle, in denen wir einen lang zu sprechenden i-Laut schreiben, das Graphem <**i**> verwendet. Die häufigste und damit grundlegende Verschriftung dieses Langvokals ist mit über 72 % das <**ie**> (*die, sie, diese, wie, Biene*). Dieses <**ie**> sollte auch als erste Schrifteinheit eingeführt werden. Da wir im Deutschen seit einigen hundert Jahren kein Wort mehr haben, das mit <ie> beginnt, muss man sich hier etwas anderes einfallen lassen als eine Anlauttabelle.

3 Auf die schädliche Einführung des langen i-Lautes mit dem einfachen Buchstaben i (wie in *Igel*) weise ich seit Jahrzehnten hin. Fehlschreibungen wie **libe Oma* führe ich eindeutig darauf zurück und bezeichne den gesamten Komplex als „Igelsyndrom".

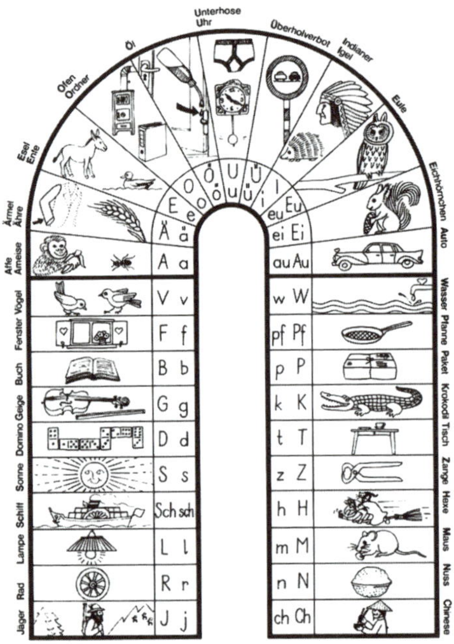

Abb. 28: Die Anlauttabelle von Jürgen Reichen (1988, S. 17)

Silbenkonzepte

Damals wie heute findet man neben den buchstabenorientierten Ansätzen immer wieder **silbenorientierte** Didaktiken.

ſä et	bau et	ſchau et	kau et
be tet	hü tet	lö tet	ra tet
ba det	re det	lo bet	ſu chet
hei zet	zei get	ſa get	tau ſchet

wir ge hen heu te aus	er kam zu mir
wir la den euch ein	las er auch gut
wir kau fen bei dir	nein, er war faul
wir ei len nun heim	er las zu lei ſe

Abb. 29: Die Silbentrennung in „Erste Fibel. Hilfsbüchlein beim Unterricht im Schreib-Lesen“ (Brinkmann 1912, S. 28)

Ob es grundsätzlich für die schriftliche Form des Deutschen sinnvoll ist, diese in Silben zu gliedern, ist angesichts der großen Zahl an unterschiedlichen Silben mehr als fraglich. So schätzen manche Sprachwissenschaftler für das Deutsche mehr als 5.000 Silben. Etwas genauere Angaben finden sich bei Helmut Meier (1978, S. 242 ff.), der in seiner „Deutschen Sprachstatistik", aufgrund der Kaedingschen-Auszählung, mit über 10 Millionen Wörtern, von mehr als **35.000 verschiedenen Silben** ausgeht.[4]

In der japanischen Sprache könnte man theoretisch den gesamten Wortschatz mit nur 46 Schriftzeichen schreiben. Hierbei repräsentieren 45 Zeichen den Silbentyp Konsonant + Vokal und ein Zeichen das *n*, das jedem der 45 Silbenzeichen angefügt werden kann, wodurch sich die Zahl der unterschiedlichen Silben in der japanischen Sprache auf 90 erhöht.

Der Silbenaufbau ist im Japanischen recht überschaubar, da auf jeden Konsonanten ein Vokal folgen muss. Um eine der beiden japanischen Silbenschriften zu lernen, muss man nur die 45 Zeichen vom Typ Konsonant + Vokal lernen und das Zeichen für das *n*.

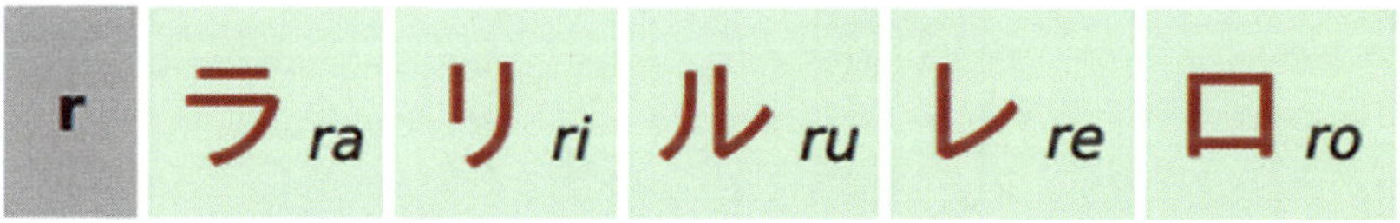

Abb. 30: Ausschnitt aus einer japanischen Katakana-Schrifttabelle: alle Silben mit r + Vokal: ra – ri – ru – re – ro (unbek. Quelle)

Interessant ist, dass sich in Unterrichtswerken für den Schriftspracherwerb im Deutschen Silbenreihen finden, die eine *verdächtige* Ähnlichkeit zum Japanischen aufweisen.

---

4 Zu kritischen Argumenten gegen die Silbentheorien im Bereich Rechtschreibung vgl. Thomé (2000b, 2014), Risel (2011), Naumann (2016a bis c), Corvacho del Toro (2016a und b), Lindauer & Schmellentin (2017, S. 70 f.) und im Herausgeberband von Kruse & Reichardt (2016).

Abb. 31: Silbenbasiertes Unterrichtskonzept für Klasse 1 („ABC der Tiere 1", KUHN & MROWKA-NIENSTEDT 2017, Ausschnitt S. 23)

Silbenanalytische Fibeln wollen mit RA – RO – RU – RE – RI, MI – MA – MO, LI – LO u. Ä. die Kinder auf dem Stand ihrer Lautentwicklung „abholen" und beginnen die entsprechenden Unterrichtswerke mit einfachen Silben vom Typ Konsonant + Vokal (s. Abbildung 31). Allgemein geht man allerdings davon aus, dass sechs- oder siebenjährige Kinder bereits komplexere Silbentypen bilden können als Konsonant + Vokal.

Abb. 32: Aus der "Didaktischen Einführung der Häuschenschreibung", hier Doppelkonsonanten, Klasse 2 (MILDENBERGER 2018, S. 19)

Daneben muten manche Silbenkonzepte recht seltsam an, weil Doppelkonsonanten-Grapheme, die mit 3 % aller Grapheme in deutschen Texten eine eher seltene Erscheinungen sind, ins Zentrum der Schriftsprachdidaktik gestellt werden. Hierzu werden recht merkwürdige Modelle wie *Häuschen mit Garagen* als Lernhilfen angeboten, die ein Verständnis des Systems der deutschen Orthographie erleichtern sollen, das offenbar im Phänomen der Doppelkonsonanten kulminiert.

Abb. 33:
*Die Wortgliederung nach Silben gelingt „**am besten“ bei Fremdwörtern**: Mikado, Salami, Lama, Laterne, Melone (Mildenberger 2018, S. 15)*

Tatsächlich spielt für die deutsche Orthographie die Ausrichtung an der Silbe – außer für die **Worttrennung** am Zeilenende, auch **Silbentrennung** genannt – keine Rolle. Hierzu bemerkt Riehme:

> Das intonatorische Prinzip bezieht sich auf die Abbildung von phonologisch-syntaktischen Einheiten der gesprochenen Sprache auf die graphische Ebene. Es hat aber für die Orthographie der deutschen Gegenwartssprache kaum Bedeutung. (Riehme 1987, S. 23)

Die **Worttrennung am Zeilenende**, wie sie für den Schriftsatz im Buchdruck Anfang des 20. Jhs. im sog. „Buchdruckerduden“ (Duden 1903) festgeschrieben wurde, läuft dem orthographischen System zuwider. Diese Silbentrennung sollte im Schriftsprachunterricht der ersten Schuljahre keinen Platz haben. Schließlich bilden wir in der Grundschule keine Schriftsetzer aus.

Auch Konstrukte wie **Silbengelenke** prägen manche silbenbasierte Einführung in die deutsche Schriftsprache. Irene Corvacho del Toro bemerkt dazu:

> Über das Segmentieren in Silben ein Silbengelenk auszumachen, ist eine irreführende falsche Rechtschreibstrategie. Ein Silbengelenk kann nicht hörbar gemacht werden. Schüler/-innen, die diese Strategie für das Rechtschreiben anwenden, produzieren Fehler wie *<reit-ten> oder *<bec-kommen>. (Corvacho del Toro 2016e, S. 38)

Wortbilddidaktik

Eine noch größere Einheit als die Silbe ist das Wort. Im Jahre 1840 veröffentlichte KARL BORMANN seine Schrift zur **Ganzwortmethode** oder **Wortbildtheorie**, nach der sich die Schüler zum Rechtschreiblernen ganze Wortbilder einprägen sollen. Bei Befolgung seiner Methode verspricht er: „ … die Schüler ohne allen eigentlichen orthographischen Unterricht richtig schreiben zu lehren“ (BORMANN 1840, S. IV) und führt zum Vorgehen weiter aus:

> Behüte das Kind mit aller Sorgfalt, daß es kein falsch geschriebenes Wort sehe, präge ihm die richtigen Wortbilder mit allem Fleiße ein, und verhilf ihm zu der Fertigkeit, diese Wortbilder schriftlich darzustellen. (BORMANN 1840, S. 16)

Als nächste Stufe empfiehlt BORMANN:

> Der Lehrer dictirt; die Schüler schreiben, aber langsam und sauber, so das Dictirte nieder, wie ein von dem Lehrer bezeichneter Schüler es Wort für Wort vorbuchstabirt.[5] Dadurch ist es möglich, an die Schüler die Forderung zu stellen, daß sie in dem Dictat durchaus keinen Fehler machen. (BORMANN 1840, S. 18)

Gegen diese Form der Didaktik wendet sich RICHARD LANGE sehr entschieden in „Wider die Wortbildtheorie im Rechtschreibunterricht“ (1910):

> Ich halte ihn (den Unterrichtsweg, der aus Anschauen, Buchstabieren und Abschreiben besteht, Anm. d. Verf.) für eine methodische Irrung und schreibe ihm einzig und allein die mangelhaften Erfolge des Rechtschreibunterrichts zu. (LANGE 1910, S. 5)

Insgesamt sieht LANGE die schon im historischen Teil dieses Buches (Kapitel 1.4) genannten Prinzipien der deutschen Rechtschreibung als beste Grundlage für einen Rechtschreibunterricht an:

---

5 Die Buchstabiermethode wurde für preußische Schulen 1872 als ungeeignete Lehrmethode sogar verboten (vgl. TOPSCH 2006).

> … sie (die Schüler, Anm. d. Verf.) verdanken ihre Fähigkeit des Richtigschreibens zum größten Teile einer guten Lautauffassung und der Gabe, gewisse Schlüsse aus den unserer Rechtschreibung zugrunde liegenden Gesetzen zu ziehen, wenn sie sich auch nicht immer derselben bewußt sind. (Lange 1910, S. 9)

Auch Scheerer-Neumann (1986) macht schon mit dem Titel ihres Beitrags, „Wortspezifisch: Ja – Wortbild: Nein. Ein letztes Lebewohl an die Wortbildtheorie", klar, dass sie durchaus von unterschiedlichen Lernstrategien beim Rechtschreiberwerb ausgeht.

Ganzheitsmethode

Der schon gewagte Ansatz Bormanns, mit ganzen Wörtern die erste Begegnung mit der Schriftsprache zu beginnen, wurde nur noch durch die **Ganzheitsmethode** der Brüder Artur und Erwin Kern übertroffen. Nach ihrer Ansicht stellt nur der ganze Satz eine akzeptable Kommunikationseinheit dar, auch für den Erstunterricht im Lesen und Schreiben. In ihrer didaktischen Schrift, „Praxis des ganzheitlichen Lesenlernens"[6], wird zum Rechtschreiben ausgeführt: „Das Fundament einer guten Rechtschreibung bietet das Schriftbild …" (Kern & Kern 1969, S. 106). Im Weiteren heißt es:

> Im Laufe des ersten Jahres muß ein *Grundstock von Schriftbildschemata* bereitgestellt werden. Um dieses Ziel zu erreichen, stehen uns neben dem Lesen eine Reihe von Arbeitsformen zur Verfügung:
> 1. das Luft- und Bankschreiben;
> 2. das Abschreiben und Aufschreiben;
> 3. das produktive Schreiben;
> 4. das Diktat. (Kern & Kern 1969, S. 107)

Interessant ist bei diesen Ausführungen, dass das Lesen auch als eine Methode des Rechtschreiblernens dargestellt wird, was sich mit der Bemerkung deckt: „Jedes Diktat bedarf der *visuellen Vorbereitung. Diktate rein nach dem Gehör kennt die ganzheitliche Lehrweise im*

6 Die in der vierzehnten Auflage 1969 erschien und 1932 als Erstausgabe den Titel trug: „Mit der Ganzheitsmethode durch das erste Schuljahr".

ersten Schuljahr nicht " (KERN & KERN 1969, S. 110). Weiterhin fällt auf, dass die Wortbildtheorie BORMANNS, die ganz offensichtlich ein wesentliches Element der Ganzheitsmethode bildet, nicht erwähnt wird.

Abb. 34: Beispielseite aus „Wer liest mit?" (A. KERN 1956, S. 3), die geschlechtsspezifische Rollenverteilung gibt zu denken

Abb. 35: Wie sich die Bilder ähneln: 50 Jahre vor KERN beschäftigt sich im Hessischen Lesebuch (1906, S. 69) die Mutter auch schon mit der Herstellung von Textilien

3.2 Phonologische Bewusstheit und Basisgrapheme

Durch eine korrekte Phonemgliederung der Wörter und die Vorstellung der entsprechenden Basisgrapheme im Unterricht wird ein solides kognitives Fundament für die gesamten Lernprozesse im Orthographieerwerb gelegt, das EICHLER (1985, 1991 u. ö.; vgl. a. THOMÉ 1999; HOFFMANN-ERZ 2015, 2016) **innere Regelbildung** nennt. Damit ist nicht gemeint, dass die Schüler selbst explizite Regeln bilden, sondern die subjektiven Lernprozesse, die zu einem regelhaften Verhalten in Bezug auf die Orthographie führen. Diese innere Regelbildung wird durchaus unbewusst aufgebaut und ist – wenn sie auf richtigen Informationen basiert – sehr leistungsfähig und lernunterstützend (zu impliziten Lernprozessen vgl. Ise & Schulte-Körne 2012).

Vorbemerkung

Es gibt wahrscheinlich keine Lehrmethode, die die einzig richtige wäre, um Menschen und vor allem Kindern das Lesen und Schreiben beizubringen. Ein gewisser Teil der Lerner (vielleicht ein Viertel?) lernt mit jeder Methode die Beherrschung der Schriftsprache. Wolfgang Eichler (1993, S. 308) hat einmal hierzu sehr treffend geäußert: „Die SchülerInnen lernen Rechtschreiben vor dem Unterricht, neben dem Unterricht und gelegentlich auch gegen den Unterricht.“

Unser Lernvermögen erlaubt es grundsätzlich, dass wir auf mehr als einem Weg bestimmte Zusammenhänge erschließen können. Wie geeignet oder ungeeignet eine bestimmte Methode für den Lernerfolg einer gesamten Klasse ist, kann man allerdings nicht daran messen, dass einige Lerner es schaffen, sondern eher daran, wie viele es nicht schaffen.

Häufig wird im Zusammenhang mit dem Schriftspracherwerb der Begriff **phonologische Bewusstheit**[7] gebraucht, wobei nicht immer klar ist, um was es eigentlich geht. Die **Phonologie**, deren Einheiten die Phoneme sind, muss schon bei der Unterrichtsvorbereitung und -durchführung streng von jeglicher Form der Phonetik getrennt werden (vgl. Corvacho del Toro & Hoffmann-Erz 2014). Deshalb sind Anweisungen wie: „Schreib, wie du sprichst“, mit größter Zurückhaltung zu bewerten, selbst wenn der wichtige Zusatz angefügt ist: „Wenn du sprichst, wie man schreibt“. Denn es gibt Lautkonstellationen, die auch bei kor-

7 Weitere hilfreiche Ausführungen finden sich bei Leuninger, Vorköper & Happ (2003, S. 38 ff.), Valtin (2010), Scheerer-Neumann (2018, S. 137 ff.), Schneider (2017, S. 35 ff.) und Schnitzler (2013).

rekter Standardaussprache im Gesprochenen nicht alle Phoneme erkennen lassen. Grundsätzlich gilt:

Phoneme kann man genau genommen nicht sprechen und nicht hören, sondern bestenfalls erschließen.

Wer Deutsch als Erst- oder Zweitsprache unterrichtet, wird wohl nicht umhinkommen, die Zeichen der internationalen Lautschrift zu lernen, die für die Bezeichnung der Phone und der Phoneme verwendet werden. Unsere Schreibweise gibt zwar bei den Konsonanten großenteils einen Hinweis auf die Lautung, bei den Vokalen ist das aber oftmals nicht der Fall.

Insgesamt ist immer zu berücksichtigen, dass Überlegungen zur phonologischen Bewusstheit und ihrer Bedeutung für den Schriftspracherwerb im **Englischen** kaum auf das Deutsche übertragbar sind (vgl. Wimmer, Hartl & Moser 1990; Naumann 2014). Die englische Orthographie ist durch ihren historischen Charakter deutlich entfernt von der gegenwärtigen Aussprache. Infolgedessen sind die Zusammenhänge zwischen gesprochener und geschriebener Sprache des Englischen recht komplex und bis heute noch nicht gründlich analysiert.

Wenn Kinder lesen und schreiben lernen sollen, muss zunächst berücksichtigt werden, ob in der Familie – oder allgemeiner – im sozialen Umfeld Dialekt, stark ausgeprägter Soziolekt oder etwas, das man Hochdeutsch nennt, gesprochen wird. Denn ohne Zweifel eignen sich Kinder bei ihrem Spracherwerb als Erstes die Sprachvarietät ihrer Umgebung an, um mit den Mitmenschen kommunizieren zu können.

Da die Schriftsprache eine künstliche Sprache ist, die dem Zweck dient, mit vielen Menschen, die über ein großes Gebiet verteilt wohnen, möglichst eindeutig kommunizieren zu können, darf man nicht erwarten, dass diese im privaten Gebrauch einigermaßen vollständig oder korrekt realisiert wird. Schriftsprache und deren lautliches Korrelat, zu dem wir die Lernenden hinführen wollen, kann praktisch **nie als Umgebungssprache** vorausgesetzt werden.

Da es sich allerdings bei der Einführung in die Phonologie gleichzeitig um eine Einführung in die schriftliche Sprache handelt, sollten nach Möglichkeit im Anfangsunterricht Beispielwörter gewählt werden, die keine oder nur wenige Orthographeme enthalten. Weiterhin muss unbedingt beachtet werden, dass zusammengesetzte Grapheme wie <ch>, <sch>, aber auch alle h-Erweiterungen wie <eh>, <ah>, <uh> usw. sowie die Doppelkonsonanten wie <ll>, <mm>, <nn> usw. stets für **ein** Phonem stehen und nicht auseinandergerissen werden, wie dies in silbenorientierten Ansätzen geschieht. Denn dadurch verlieren manche Kinder schon zu Beginn die Orientierung im Schriftsystem.

Für den Anfang eignen sich Wortformen, die lautlich maximal zwei Konsonantenphoneme im Anlaut und im Auslaut aufweisen wie *Hut*, *Dach*, *Frosch* oder *Schaf*. Der zentrale Vokal kann lang oder kurz sein.

Anlaut	**Vokal**	Auslaut
H	**U**	T
D	**A**	CH
F | R	**O**	SCH
SCH	**A**	F

Wichtig ist dabei, dass bei der Einzellautgliederung die Kurzvokale auch einzeln korrekt als Kurzvokale gesprochen werden und nicht als Langvokale. Das heißt, bei *D**a**ch* oder bei *Fr**o**sch* darf kein langes a oder langes o gesprochen werden. Lehrkräfte müssen hier **sehr** sorgfältig vorgehen und nötigenfalls an der eigenen Aussprache arbeiten.

Ein unumgängliches Problem bildet die Aussprache des **Schwa** in einer vollständigen Wortform, wenn auf das Schwa ein Konsonant – und speziell ein -r – folgt. Das velar gesprochene -r wird auch nach anderen Vokalen im Silbenendrand vokalisiert und wird etwa im Wort *Uhr* /uːr/ zu [uːɐ] oder im Wort *Ohr* /oːr/ zu [oːɐ].

In der konkreten Aussprache (**Phonetik**) wird geschriebenes <-er> stets zu [ɐ] wie in *Hamm*er. Hier ist das Schwa nicht zu hören und der aus einer Verschmelzung von Schwa und vokalisiertem -r entstehende Laut klingt einem kurzen a ähnlich. Weil in bestimmten gesprochenen Formen einzelne Phoneme nicht identifiziert werden können, wird eine Gliederung nach Phonemen in manchen didaktischen Konzepten leider grundsätzlich als undurchführbar angesehen und abgelehnt.

			Schwa	
H	**A**	MM	**E**	R

Dagegen ist einzuwenden, dass die Schüler bereits im Laufe ihrer ersten Schuljahre beiläufig lernen (ohne explizite Unterweisung und ohne, dass es ihnen bewusst ist), dass der gesprochene Laut [ɐ] fast immer als <-r> oder <-er> zu schreiben ist. Aber noch wichtiger ist, dass sie (außer bei Eigennamen) fast keine Wörter schreiben, die auf <-a> enden. Selbst Fremdwörter, die eigentlich als letztes Schriftzeichen ein -a haben, wie *Banan**a***, und meist vom Genus feminin sind, werden der deutschen Femininendung -e angepasst und heißen dann *Banan**e***.

Der häufigst**e** Vokal im Deutsch**e**n ist das **Schwa** (/ə/) und wird fast in jed**e**m dritt**e**n od**e**r viert**e**n Wort g**e**braucht. Das Schwa ist hier mit Farb**e** und Fettdruck markiert. Wer die Lautform dieses Vokals nicht kennt, kann als recht ähnlich klingendes Muster den unbestimmten Artikel ***a*** in der englischen Aussprache heranziehen, z. B. in der Verbindung ***a** book* (*ein Buch*).

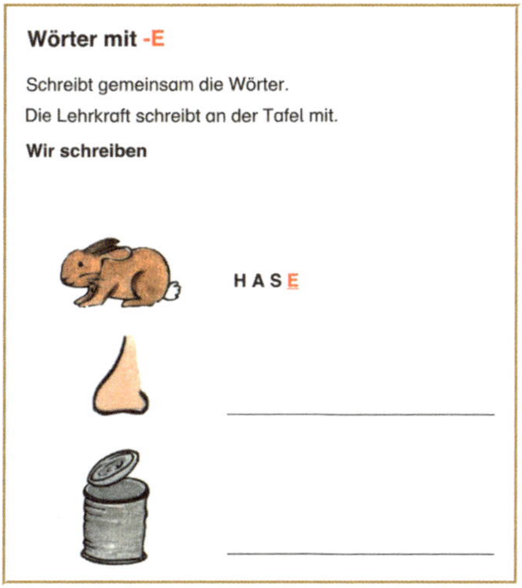

Abb. 36: Verdeutlichung des Schwa-Lauts, hier als Endungs-e bei Nomen (Hoffmann-Erz & Corvacho del Toro 2016, S. 41)

Um ein unterdrücktes Schwa vor -n (wie bei *laufen*) deutlich zu machen, empfiehlt sich als **Übung** folgendes Vorgehen. Man spricht eine Verbform in der 1. Pers. Singular: *ich kauf**e*** oder *ich lauf**e***.

ICH	L	AU	F	**E**	
	K	AU	F	**E**	

Hier kann man das Schwa deutlich sprechen und hören. Nun bilden wir dazu die 1. Pers. Plural, in der das Schwa vom folgenden Konsonanten überdeckt wird: *wir lauf**e**n, wir kauf**e**n.*

WIR	L	AU	F	**E**	N
	K	AU	F	**E**	N

Diese grammatische Übung – verbunden mit ausreichenden schriftlichen Aufgaben – bietet eine gute Möglichkeit darauf hinzuweisen, dass das Schwa nicht wirklich verschwindet, was man an der schriftlichen Form sehen kann. Das Schwa ist in der deutschen Sprache ziemlich wichtig und in der Grammatik bzw. Phonologie noch nicht ganz erforscht. Es dient beispielsweise zur Unterscheidung zwischen Imperativ und 1. Person Singular. Zudem ist dieser Laut als Phonem mit über 9 % aller Phoneme der **häufigste Vokal** im Deutschen, zugleich leider auch der **unbekannteste**.

Während wir allerdings **laufn, *sehn* oder **Gabl* problemlos ohne das Schwa sprechen können, ist bei **Lehr-r* oder **Feu-r* (*Feuer*) eine gewisse „Lücke" spürbar. Für Schreibanfänger gibt es diese Irritationen oftmals nicht. Sie können Sätze wie: „*Wir *ren zum *Brunnrand und *esn *ein *Zitronkuchn*", produzieren. Um das Schwa erst einmal erfahrbar zu machen, sind daher im Anfangsunterricht Wörter mit einem versteckten Schwa möglichst zu vermeiden.

Basisgrapheme

Die **Basisgrapheme** machen über 90 Prozent aller Grapheme in deutschen Texten aus. Das heißt, 40 Phonemen stehen zunächst einmal 40 Basisgrapheme gegenüber (s. S. 89 f.). Im Erstunterricht im Schreiben müssen auf jeden Fall diese Basisgrapheme vorgestellt werden und mit den entsprechenden Phonemen im betreffenden Wort verknüpft werden. Hier ist allerdings schon Vorsicht geboten, wenn man ein Wort lautlich gliedern möchte. Unsere Schriftsprache ist (vgl. Kapitel 2.1) eine künstlichen Sprache und wird von niemandem im Alltag gesprochen, schon gar nicht von Schulkindern. Daraus folgt, dass im Schriftsprachunterricht auch die Lautform nach der Standard- oder Schriftlautung unterrichtet werden muss, für Kinder mit Deutsch als Muttersprache ebenso wie für Kinder mit Deutsch als Zweitsprache.

Der Vorteil, der sich hieraus ergibt, ist offensichtlich, denn in **jedem** Wort ist – außer bei Fremdwörtern und Eigennamen – die Anzahl der Sprachlaute (**Phoneme**) und die Anzahl der Schriftzeichen (**Grapheme**) gleich groß.

Wir (Dorothea Thomé und ich) haben drei Leselernhefte entwickelt, in denen wir nach unserem Basiskonzept gegliederte Texte bereitstellen. Hier werden mit Wörtern, die sowohl nach Aspekten der Lautgliederung als auch der Grapheme vom Einfachen zum Schwierigen sortiert sind, kleine Geschichten erzählt. Das erste Heft beginnt mit einem Text, der den Kindern vorgelesen wird. Dann folgen die Namen von drei Tieren, die in der Vorlesegeschichte eingeführt wurden. Diese ersten Wörter für die Kinder sind:

B IE N E,
F R O SCH,
H A S E,

die wir aus folgenden Gründen gewählt haben. Die beiden Namen **BIENE** und **HASE** weisen als letzten Laut ein Schwa auf, das in dieser Position gut sprech- und hörbar ist. Hier soll zunächst darauf geachtet werden, dass die Lehrkraft nicht etwa ein langes /eː/ (*Haseeee*) oder ein /ɛː/ spricht (*Hasäääää*), wie es leider gelegentlich vorkommt. **Ein einfach geschriebenes -e am Wortende ist immer und ohne Ausnahme ein Schwa /ə/!** Anders sieht es aus, wenn es um ein seltenes Langvokal /eː/ am Wortende geht. Dann sind wir im Bereich der Orthographeme angelangt. Der Langvokal /eː/ am Ende eines Wortes muss immer mit -**eh** oder -**ee** wie *Reh* oder *See* (in Eigennamen und Fremdwörtern auch ***é***) geschrieben werden. Ein /ɛ/, wie der Vokal im Wort *Geld*, als letzten Laut eines Wortes, gibt es im Deutschen nicht.

Der nächste Grund für die Auswahl dieser drei Tiernamen liegt in der Anzahl der Phoneme. Alle drei Wörter bestehen aus vier Phonemen und entsprechend auch aus vier Graphemen.

Phonem	Graphem
b	B
iː	IE
n	N
ə	E

Phonem	Graphem
f	F
r	R
ɔ	O
ʃ	SCH

Phonem	Graphem
h	H
ɑː	A
z	S
ə	E

Jedes Wort enthält eine andere Anzahl an Buchstaben:

BIENE	5 Buchstaben	**B-IE-N-E**	aber **4** Grapheme,
FROSCH	6 Buchstaben	**F-R-O-SCH**	aber **4** Grapheme,
HASE	4 Buchstaben	**H-A-S-E**	und **4** Grapheme.

Dadurch zeigen wir den Lernern, dass eine Schrifteinheit (Graphem), die sich auf eine Lauteinheit (Phonem) bezieht, aus einem, zwei oder drei Buchstaben bestehen kann.

Die Schrifteinheit **IE** in **BIENE** soll die Kinder von Anfang an daran gewöhnen, dass das lang gesprochene i (/iː/) normalerweise[8] mit <ie> zu schreiben ist. Außerdem bieten wir hier ein Korrektiv zu der leider immer noch in Anlaut- oder Buchstabentabellen weit verbreiteten Nennung des **I**gels (s. Igelsyndrom), der mit dem einfachen **I** ein seltenes Graphem (Orthographem) repräsentiert (rd. 8,5 %) und daher im Anfangsunterricht nicht verwendet werden sollte.

FROSCH haben wir deswegen ausgewählt, weil der Silbenkern durch einen Kurzvokal gebildet wird. Damit soll deutlich werden, dass die Vokalzeichen nicht mit den Buchstabennamen identisch sind. Im Wort **FROSCH** ist kein /oː/ (wie in *h**o**ch*), sondern ein kurzes /ɔ/ (wie in *n**o**ch*) zu sprechen. Weiterhin ist die Auswahl des Wortes **FROSCH** durch den etwas schwierigen mehrkonsonantischen Anlaut begründet. Deutsche Muttersprachler sind mit sechs oder sieben Jahren meistens in der Lage, diese Konsonantenfolge auszusprechen. Kinder mit ande-

8 Zu über 72 Prozent, alle Angaben s. Tabelle 3.

ren Muttersprachen, die nicht zur indoeuropäischen Sprachfamilie gehören, also Türkisch, Arabisch o. Ä., kennen wahrscheinlich mehrkonsonantische Anlaute nicht und müssen sie daher einüben.

Das Wort **HASE** stellt im Grunde die einfachste Laut- und Schriftform dar. Hier ist lediglich zu beachten, dass das S stimmhaft gesprochen wird, weil es am Anfang der zweiten Silbe steht: **HA-SE**.

> **Im Deutschen ist das S im Silbenendrand immer stimmlos, im Silbenanfangsrand immer stimmhaft.**

Abb. 37: Stimmhaftes S in DOSE, ROSE und HOSE, Leseheft 1 (Thomé & Thomé 2013, S. 27)

Wenn die Lautgliederung nach Phonemen und ein Großteil der dazugehörigen Basisgrapheme bearbeitet worden sind, sollten nach und nach – also etwa ab der Mitte des ersten Schuljahres – die ersten Orthographeme oder Nebenschreibungen hinzukommen. Aber langsam! Diese ersten Orthographeme sollten über Ableitungen erklärt und verstanden werden können. Hierzu gehört die schriftliche **Morphemkonstanz** bei der Umlautung oder der Auslautverhärtung:

<**äu**> für /ɔʏ/ wie in *Bäume* wegen *Baum* 

<**d**> für /t/ wie in *Hund* wegen *Hunde* 

Beispiele für die Behandlung von ersten Orthographemen	
<**d**> für /**t**/	*und* (Merkwort), *Bild*
<**g**> für /**k**/	*Berg*, aber auch *sagt*
<**b**> für /**p**/	*gelb*, aber auch *habt*

In der Abbildung 38 werden alle systematischen Laute des Deutschen aufgeführt. Eine **An**lauttabelle ist aus den genannten Gründen nicht möglich und nicht sinnvoll.

Abb. 38: Alle Laute des Deutschen mit ihren häufigsten Schriftzeichen (Basisgraphemen) als erste Orientierung, keine Anlauttabelle (Thomé & Thomé 2014, Schaubild I: Die Laute des Deutschen)

In den folgenden beiden Tabellen sind alle Vokale und Konsonanten des deutschen Kernwortschatzes (weitgehend ohne Fremdwörter und Eigennamen) mit **allen** dazugehörigen Graphemen dargestellt. Die

Fähigkeit, alle Wörter eines Grundwortschatzes nach ihren Phonemen zu gliedern und zumindest das jeweils entsprechende Basisgraphem zu kennen, sollte als **Mindeststandard der Qualifikation** von Lehrenden im Bereich Schriftsprache gelten.

Basis- und Orthographeme: Vokale

sortiert nach ihrer absoluten Häufigkeit (1.–19. Platz)

Vokal-phoneme		Basisgrapheme	Orthographeme			
		meist oder immer	manchmal	gelegentlich	selten	sehr selten
1.	/ə/	<e> Hase	–	–	–	–
2.	/ɪ/	<i> Insel	–	–	–	<ie> vierzig
3.	/a/	<a> Apfel	–	–	–	–
4.	/iː/	<ie> Biene	–	<ih> ihr	<i> Igel	<ieh> sieht
5.	/eː/	<e> Feder	–	<eh> sehr		<ee> See
6.	/aː/	<a> Glas	–	–	<ah> sah	<aa> Haar
7.	/ɛ/	<e> Zelt	–	<ä> hält	–	–
8.	/aɪ̯/	<ei> Ei	–	–	–	<eih> Geweih <ai> Mais
9.	/ʊ/	<u> Muschel	–	–	–	–
10.	/ɔ/	<o> Frosch	–	–	–	–
11.	/oː/	<o> Hose	–	<oh> Sohn	–	<oo> Boot
12.	/uː/	<u> Blume	–	–	<uh> Kuh	–
13.	/aʊ̯/	<au> Auto	–	–	–	–
14.	/yː/	<ü> Hüte	<üh> Kühe	–	–	–
15.	/ʏ/	<ü> Büsche	–	–	–	–
16.	/øː/	<ö> Löwe	–	<öh> Söhne	–	–
17.	/ɔʏ̯/	<eu> Eule	–	<äu> läuten	–	–
18.	/ɛː/	<ä> Käse	<äh> Fähre	–	–	–
19.	/œ/	<ö> Töpfe	–	–	–	–

Tab. 5: Vokale im Deutschen und die ihnen entsprechenden Basis- und Orthographeme (Thomé & Thomé 2017c, S. 9)

Basis- und Orthographeme: Konsonanten

sortiert nach ihrer absoluten Häufigkeit (1.–22. Platz)

Konsonanten-phoneme		Basisgrapheme meist oder immer	Orthographeme			
			manchmal	gelegentlich	selten	sehr selten
1.	/n/	**<n> Nase**	–	–	<nn> Tanne	-
2.	/r/	**<r> Rad**	–	–	-	<rr> wirr <rh> Rhein
3.	/t/	**<t> Tisch**	–	<d> Bild	<tt> Mitte	<dt> Stadt <th> Thron
4.	/d/	**<d> Dach**	–	–	-	<dd> Kladde
5.	/l/	**<l> Lampe**	–	<ll> Ball	-	-
6.	/s/	**<s> Eis**	–	<ss> Kuss	<ß> Gruß	-
7.	/x/	**<ch> Bach**	–	–	<g> König	-
8.	/m/	**<m> Maus**	–	<mm> Kamm	-	-
9.	/z/	**<s> Seil**	–	–	-	-
10.	/f/	**<f> Fisch**	<v> Vogel	–	<ff> Schiff	<ph> Physik
11.	/v/	**<w> Wiese**	–	–	-	<v> Vase
12.	/g/	**<g> Gabel**	–	–	-	<gg> Egge
13.	/k/	**<k> Kuchen**	<g> Berg	<ck> Ecke	-	<ch> Chor <c> Clown
14.	/b/	**<b> Buch**	–	–	–	<bb> Ebbe
15.	/ʃ/	**<sch> Schaf**	<s> Spiel	–	-	-
16.	/h/	**<h> Haus**	–	–	-	-
17.	/t͜s/	**<z> Zaun**	–	<tz> Katze	-	-
18.	/p/	**<p> Pinsel**	<b> Laub	–	<pp> Treppe	-
19.	/ŋ/	**<ng> Ring**	–	<n> Bank	-	-
20.	/j/	**<j> Junge**	–	–	-	-
21.	/p͜f/	**<pf> Pferde**	–	–	-	-
22.	/k͜s/	**<chs> Fuchs**	<x> Hexe	–	-	-

Tab. 6: Konsonanten im Deutschen und die ihnen entsprechenden Basis- und Orthographeme (Thomé & Thomé 2017c, S. 10); <rh>, <th>, <ph>, <v/v/>, <ch/k/>, <c> kommen nur in Eigennamen oder Fremdwörtern vor

Da im Nachschlagewerk „Deutsche Wörter nach Laut- und Schrifteinheiten“ (Thomé & Thomé 2016, s. Abbildung 39) bereits alle Orthographeme mit roter Farbe markiert sind, kann man für eigene Übungseinheiten hier leicht Wörter finden und zusammenstellen, die nur aus Basisgraphemen bestehen.

I J K L M N O P Q R S T U V W X

a-l-s	als
a-l-s-o	alzo:
a-l-t	alt
ä-l-t-e-r, am ä-l-t-e-s-t-e-n	
A-l-t-e-r, das (selten Plural)	altər
a-m	am
a-m A-b-e-n-d	am a:bənt
a-m b-e-s-t-e-n	am bɛstən
A-m-ei-s-e, die	a:maɪ̯zə
die A-m-ei-s-e-n	
a-m m-ei-s-t-e-n	am maɪ̯stən
A-m-p-e-l, die	ampəl
die A-m-p-e-l-n	
a-n	an
a-n-d-e-r-e	andərə
a-n-d-e-r-e-s	andərəs
ä-n-d-e-r-n	ɛndərn
ä-n-d-e-r-t-e, g-e-ä-n-d-e-r-t	
a-n-d-e-r-s	andərs
A-n-f-a-ng, der	anfaŋ
die A-n-f-ä-ng-e	

Abb. 39: Ausschnitt aus „Deutsche Wörter nach Laut- und Schrifteinheiten gegliedert“, dem bisher einzigen Phonemwörterbuch des Deutschen (Thomé & Thomé 2016, S. 14)

Ein besonderes Problem stellt – auch für Lehrkräfte – **das Graphem <e>** dar. Dieses steht in der deutschen Orthographie als einziges für drei unterschiedliche Vokale (s. Tabelle 7):

– nämlich /ə/	wie der letzte Laut im Wort *Hase*	rd. 69 %
– dann für /e:/	wie in *Weg* oder *Feder*	rd. 16 %
– für /ɛ/	wie der Vokal in *Zelt* oder *Geld*	rd. 15 %

Am einfachsten ist sicherlich in Unterrichtseinheiten zur phonologischen Bewusstheit das /eː/ wie in ***Weg***. Denn dieses ist auch gleichzeitig der Name des Buchstabens. Etwas schwieriger wird es schon mit dem Vokal /ɛ/.

Phonem	**häufige Basisgrapheme**		**seltene Orthographeme**		**sehr seltene Orthographeme**	
/ə/	<e>	*Has**e***	-	-	-	-
/eː/	<e>	*W**e**g*	<eh>	*m**eh**r*	<ee>	*M**ee**r*
/ɛ/	<e>	*Z**e**lt*	<ä>	*h**ä**lt*	-	-

Tab. 7: Die drei Grapheme, die aus dem Buchstaben E gebildet werden, mit Beispielwörtern (grün sind die Basisgrapheme, rot die seltenen Orthographeme markiert)

In einer Untersuchung von JANSEN & THOMÉ (1998)[9] wurden 66 Erstklässler zu vier Messzeitpunkten gefragt, **mit welchem Laut** die Wörter ***Äste***, ***Ente*** und ***elf*** beginnen. Die Tabelle 8 zeigt, dass die korrekte Antwort /ɛ/ im Verlauf des Schuljahres zugunsten der falschen Antwort /eː/ abnimmt, bis in der 38. Woche gar keine korrekten Antworten mehr erfolgten. Das lässt eindeutig auf einen buchstabenorientierten Unterricht schließen, in dem **dem Buchstaben E und sogar dem Buchstaben Ä** überwiegend der Lautwert (/eː/) zugeordnet wird. Die Erstklässler lernen zwar etwas, aber leider etwas Falsches.

9 Vgl. auch die Studie über die veränderten sprachlichen Vorläuferfähigkeiten von HEINER JANSEN (2017).

Tabelle 1. Prozentuale Anteile der Antworten bei der Anlautbestimmung für drei Testwörter zu vier Testzeitpunkten

		Unterrichtswoche			
Wort	Antwort	10	19	29	38
Äste	/ɛ/	12.7	18.8	3.2	0.0
	/ɛ:/	15.9	32.8	39.7	24.2
	/e:/	22.2	31.3	49.2	62.9
	anderes	49.2	17.1	7.9	12.9
Ente	/ɛ/	9.5	9.4	1.6	0.0
	/ɛ:/	20.6	40.6	31.7	18.0
	/e:/	30.2	37.5	57.1	75.4
	anderes	39.7	12.5	9.6	6.6
Elf	/ɛ/	12.7	15.6	1.6	0.0
	/ɛ:/	22.2	26.6	30.2	16.4
	/e:/	22.2	34.4	65.1	75.4
	anderes	42.9	23.4	3.1	8.2

Tab. 8: Das Verschwinden des Vokals /ɛ/ in der ersten Klasse zugunsten des langen e-Lautes /e:/, der gleichzeitig der Buchstabenname E ist (Jansen & Thomé 1998, S. 23)

3.3 Dissoziation von Lesen- und Schreibenlernen

Katja Siekmann (2011) geht in einer empirischen Untersuchung der Frage nach, inwieweit Leseeindrücke das Schreiben derselben Wörter begünstigen. Hierbei wurden aus dem Roman „Harry Potter" Eigennamen, die teilweise auf recht ungewöhnliche Art geschrieben sind, als Testitems verwendet. Daneben wurden auch Kunstwörter gebildet, die ebenfalls zu lesen und zu schreiben waren.

Als Ergebnis der Untersuchung stellt Siekmann fest, dass insgesamt das Lesen alleine keine nennenswerten Auswirkungen auf die Schreibfähigkeit hat. Sie fasst zusammen: „Die rezeptive Fertigkeit des Lesens dient (nur) der Entnahme von Bedeutung" (Siekmann 2011, S. 155).

Wenn orthographische Aspekte beim Gelesenen wahrgenommen werden sollen, muss die Aufmerksamkeit speziell auf diesen Bereich gelenkt sein. Wortbilder im Gedächtnis zu speichern und sie beim Schreiben wiederzugeben, überfordert schon bei geringer Itemzahl die Speicherkapazität. Daraus geht hervor, dass das Rechtschreiben „keine Reproduktion von Gelesenem, sondern eine eigenständige (schrift-)sprachliche Produktion" ist (Siekmann 2011, S. 157).

Ähnliche Ergebnisse zeigten sich in der DESI-Studie (Deutsch Englisch Schülerleistungen International, vgl. Beck & Klieme 2007, DESI-Konsortium 2008). Hier wurden in einer repräsentativen Untersuchung die Fähigkeiten in Deutsch und Englisch von rund 11.000 Schülerinnen und Schülern neunter Klassenstufen, aller Schularten, untersucht. In der Tabelle 9 werden die Korrelationskoeffizienten dargestellt, die angeben, wie eng der Zusammenhang der verschiedenen Testmodule untereinander geschätzt werden kann. Auffällig ist, dass zwischen dem Rechtschreiben und Lesen die geringste Korrelation besteht. Jude & Klieme (2007, S. 11 ff.) unterteilen demzufolge die schriftsprachlichen Tätigkeiten in **produktive** (Rechtschreiben) und **rezeptive** (Lesen).

Noch vor nicht langer Zeit zählte die Weltgesundheitsorganisation (WHO) die Lese-Rechtschreib-Störung zu den psychischen Störungen. Das Klassifikationsschema der WHO (**ICD-10**)[10] beschreibt das Störungsbild hinsichtlich der Symptome und Diagnostik. Das ICD-10 unterscheidet zwischen einer **Lese- und Rechtschreibstörung** (F81.0) und **isolierten Rechtschreibstörung** (F81.1). Eine **isolierte Lesestörung**, d. h. normale Rechtschreibleistungen bei schwachen Leseleistungen, werden **nicht** verzeichnet bzw. nicht für möglich gehalten.

TEIL-GEBIET	Lesen	Wort-schatz	Argu-mentat.	Sprach-bew.	Text-prod.	Recht-schreib.
Lesen		.59	.61	.61	.46	.28
Wort-schatz	.59		.50	.57	.36	.29
Argu-mentat.	.61	.50		.56	.56	.39
Sprach-bew.	.61	.57	.56		.63	.53
Textpro-duktion	.46	.36	.56	.63		.69
Recht-schreib.	.28	.29	.39	.53	.69	

Tab. 9: Korrelationen zwischen den Teilbereichen des Deutschunterrichts (Willenberg 2007, S. 175, Hervorh. v. Verf.), erkennbar ist die schwache Korrelation zw. Rechtschreiben und Lesen

Ebenso berichten Karin Landerl und Kristina Moll (2014, S. 50) aufgrund ihrer Studie, dass sich bei insgesamt 325 untersuchten Kindern eine kombinierte Lese- und Rechtschreibstörung findet (zu 8 %), dazu eine isolierte Rechtschreibstörung (zu 7 %) und – erstaunlicherweise – auch eine **isolierte Lesestörung** (zu 6,4 %). Sie fassen die Ergebnis-

10 Zum ICD-10 (= Internationale statistische Klassifikation der Krankheiten und verwandter Gesundheitsprobleme) vgl. a. Löffler (2016), Graubner (2018), DIMDI (2018, das ICD-10-GM 2019 ist frei einsehbar, s. Literaturliste), Scheerer-Neumann (2018, S. 25 ff.) und Schneider (2017, S. 158 ff.).

se dieser und weiterer Studien zur Dissoziation von Lese- und Rechtschreibleistungen zusammen: „Das Vorliegen von Dissoziationen zwischen dem Lese- und dem Schreibprozess ist somit hinreichend belegt“ (Moll & Landerl 2014, S. 51).[11]

3.4 Orthographische Fehler

Wenn wir in Texten von Schülern orthographische Fehler bemerken, sollten wir zunächst bedenken, dass es sich nicht um Produkte fertiger Rechtschreiber handelt, sondern um Versuche von **Lernern** und damit quasi um ihre **vorläufigen Hypothesen**. Beim Blick auf Rechtschreibfehler sollten zunächst zwei grundlegend verschiedene Betrachtungsweisen voneinander getrennt werden:

- **Klassifizierung der Fehler nach den Orthographiebereichen und**
- **Einordnung der Fehler nach Entwicklungsmodellen.**[12]

Ein Teil des Rechtschreiberwerbs besteht darin, dass sich Lernstrategien von Zeit zu Zeit ändern und auch je nach Bereich der Orthographie wechseln können. Dabei kommt es vor, dass Wörter, die bereits richtig geschrieben wurden, durch den Wechsel einer Lernstrategie nun auf andere Weise konstruiert und dadurch wieder falsch geschrieben werden. Diese Fehler können durchaus als Zeichen eines positiven Lernschrittes angesehen werden, Eichler (1983) spricht hier von **kreativen Schreibirrtümern**.

11 Vgl. auch die frühe Abhandlung von Bradley & Bryant (1979); vgl. a. Landerl & Moll (2009), Moll & Landerl (2011), Moll, Wallner & Landerl (2012).

12 Zu den Entwicklungsmodellen vgl. Frith (1985, 1986), Eichler (1986), Valtin (1988), Dehn (2013), Scheerer-Neumann (2018, S. 115 ff., 2017), Bremerich-Vos (2017), Valtin & Sasse (2018); für eine zusammenfassende Darstellung vgl. a. Thomé (2006) und Siekmann & Thomé (2018, S. 97–145).

In unserem Buch „Der orthographische Fehler“, das mittlerweile in einer aktualisierten Auflage erschienen ist (Siekmann & Thomé 2018), haben wir die verschiedenen Systeme der Fehlerklassifikation der letzten 100 Jahre dargestellt. Dabei zeigt sich deutlich, dass zwischen einer ursachenorientierten und einer deskriptiven Fehlergruppierung zu differenzieren ist. Diese Unterscheidung ist besonders dann wichtig, wenn man an das „Danach“ denkt. Was will man einem Schüler nach einer Fehleranalyse als Rat geben, wie er oder sie die Fehlerzahl verringern kann, wenn man zuvor einen großen Teil der Fehler nur als Flüchtigkeits-, Aufmerksamkeits- oder Konzentrationsfehler klassifiziert hat? Die didaktischen „Hilfestellungen“ wären dann vielleicht: „Pass besser auf“, oder, „Konzentriere dich stärker“. Wie nützlich werden solche Ratschläge wohl sein?

Eine streng deskriptive Fehleranalyse versucht das Instrument **OLFA** zu verwirklichen. OLFA bedeutet **Ol**denburger **F**ehler**a**nalyse (Thomé & Thomé 2017b und c) und liegt für die Klassenstufen 1–2 und 3–9 vor. Letztere Version ist eigentlich nicht nur für die Jahrgänge 3–9 gedacht, sondern noch weit darüber hinaus brauchbar, also auch für Erwachsene. OLFA ist **kein Test**, sondern mit OLFA werden bereits vorhandene Texte der Lerner qualitativ ausgewertet und zum Zweck einer **individualisierten Förderung** aufbereitet. Für die Klassen 3–9 liegt auch eine Online-Version (www.olfaonline.de) vor, mit der alle Berechnungen, Langzeitdokumentationen und schriftliche Fördergutachten erstellt werden können.

Eine OLFA hat nicht das Ziel, festzustellen, **ob** jemand ernste Probleme im Rechtschreiben hat. Das sollte schon vorher bemerkt worden sein. Dafür wird allerdings oft kein standardisierter Test nötig sein, sondern eine auffällig große Fehlerzahl in den schriftlichen Produkten gibt genügend Anlass, um hier etwas zu unternehmen.

Wir haben aufgrund von Daten aus der Schrifterwerbsforschung der vergangenen Jahrzehnte für frei formulierte Texte **tolerierte Fehlerzahlen** auf 100 Wörter ermittelt, die etwa mit den Noten Drei oder Vier bewertet werden. Das bedeutet, Fehlermengen, die erkennbar über diesen Richtwerten für tolerierte Fehlerzahlen liegen, gelten als *nicht mehr den Anforderungen entsprechend* und werden mit den Noten Fünf, Sechs oder gar nicht bewertet (s. Tabelle 10).

Zeitraum der Textabfassung	Richtwerte für die tolerierte Fehlerzahl		
	Grundschule		
	Gymn.	RS	GS/HS
3. Klassenstufe (Mitte)	**21,5 Fehler**		
Ende der 3., Anfang der 4. Klassenstufe	16,4 Fehler		
4. Klassenstufe (Mitte)	**13,3 Fehler**		
Ende der 4., Anfang der 5. Klassenstufe	11,1 Fehler		
5. Klassenstufe (Mitte)	**7,2 Fehler**	**9,7 Fehler**	**12,2 Fehler**
Ende der 5., Anfang der 6. Klassenstufe	6,0 Fehler	8,7 Fehler	11,5 Fehler
6. Klassenstufe (Mitte)	**5,0 Fehler**	**8,0 Fehler**	**11,0 Fehler**
Ende der 6., Anfang der 7. Klassenstufe	4,3 Fehler	7,5 Fehler	10,8 Fehler
7. Klassenstufe (Mitte)	**3,7 Fehler**	**7,2 Fehler**	**10,7 Fehler**

Tab. 10: Tolerierte Fehlerzahlen auf 100 Wörter in frei formulierten Texten für die Rechtschreibnoten 3 oder 4 (Ausschnitt aus Thomé & Thomé 2017c, S. 29)

Die OLFA-Liste, die auf einem DIN-A4-Blatt eingerichtet ist (s. Tabelle 11), erfasst alle möglichen Fehler (außer Zeichensetzungsfehler), die man in deutschsprachigen Texten produzieren kann. Die Fehler werden in 37 Kategorien eingeteilt, wobei in die letzte Kategorie, *Sonstige*, bei korrekter Zuordnung nicht mehr als vier Prozent fallen sollten.

Das Raster der OLFA-Liste ist einerseits nach orthographiesystematischen Bereichen gegliedert wie Groß- und Kleinschreibung, Getrennt- und Zusammenschreibung, besondere und grundlegende Phonem-Graphem-Verhältnisse, andererseits nach drei Kompetenzstufen (Gruppe I-III) im orthographischen Erwerbsprozess.

Oldenburger Fehleranalyse 3–9 © Thomé, Thomé Datum ____________

Schüler/in ______________________ Klasse _______ Text(e) _____________ durchgeführt von ______

OLFA 3–9 Version 1	Gruppe I	Gruppe II	Gruppe III
Klein- für Großschreibung	------------		------------
Groß- für Kleinschreibung	------------	------------	
Großschreibung im Wort		------------	------------
Getrennt- für Zusammenschreibung	------------		------------
Zusammen- für Getrenntschreibung	------------	------------	
Getrenntschreibung von unselbstständigen Teilen		------------	------------
Einfachschreibung für Konsonantenverdoppelung	------------		------------
Konsverd. für Einfachschreibung nach Kurzvokal	------------	------------	
Einf. Vokalschr. f. markierte Länge und i für ie bei /iː/	------------		------------
Markierte Längen- für Einfachschreib. bei Langvokal	------------	------------	
Konsverd. nach Langvokal, Konsonant oder am Morphemanfang		------------	------------
Markierte Vokallänge b. Kurzvokal, auch ie für kurzes i		------------	------------
s für ß	------------		------------
ß für s	------------	------------	
ss für ß	------------	------------	
ß für ss	------------	------------	
e für ä (nur bei /ɛ/) und eu für äu	------------		------------
ä für e (nur bei /ɛ/) und äu für eu	------------	------------	
p t k für b d g im Silbenendrand	------------		------------
b d g für p t k im Silbenendrand	------------	------------	
f für v	------------		------------
v für f	------------	------------	
w für v bei der Lautung /v/ (meist Fremdw., Eigennamen)	------------		------------
v für w	------------	------------	
ch für g im Silbenende	------------		------------
g für ch im Silbenende	------------	------------	
Konsonantenzeichen fehlt		------------	------------
Konsonantenzeichen zugefügt		------------	------------
Vokalzeichen fehlt		------------	------------
Vokalzeichen zugefügt		------------	------------
Falscher Konsonant		------------	------------
Falscher Vokal		------------	------------
Zeichenumstellung		------------	------------
Umlautbezeichnung	------------------------------------		
Sonstige (auch Fremdwortfehler)	------------------------------------		
		KW:	LW:

Tab. 11: OLFA-Liste für die Klassen 3–9 (Thomé & Thomé 2017c, S. 57, mit kleinen Veränderungen)

Die Gruppen unterscheiden Fehler nach der Orthographiesystematik:

I. **Schreibungen, die in keinem Fall möglich sind und daher auf grundlegende Unsicherheiten beim Lerner hinweisen,**

II. **prinzipiell mögliche Schreibungen, die an dieser Stelle zwar falsch sind, aber schon auf gewisse Grundlagen in der Lernerkompetenz hinweisen und**

III. **„zu viel des Guten“: markierte Schreibungen, die prinzipiell möglich wären, aber im konkreten Fall nicht korrekt sind und auf eine fortgeschrittene Kompetenz des Lerners hinweisen.**

Dass besondere Fehlerarten häufiger in bestimmten Phasen der Rechtschreibentwicklung auftreten, so wie es sich im Aufbau der OLFA-Liste zeigt, wurde im Rahmen der DESI-Untersuchung mithilfe der Rasch-Skalierung bestätigt (Thomé & Gomolka 2007).

Zu den Fehlern in Gruppe I:

Hier werden vor allem Schreibungen eingeordnet, die in der deutschen Orthographie grundsätzlich nicht möglich sind. Hierzu gehören das Fehlen oder das Hinzufügen eines Graphems oder die Verwendung eines Graphems, das als Verschriftung des entsprechenden Phonems nicht möglich ist. Beispiele sind *sta_d für sta**n**d (Konsonantenzeichen fehlt), *wei**e**l für wei<u>l</u> (Vokalzeichen zugefügt), *jew**a**ls für jew**ei**ls (falscher Vokal).

Zu den Fehlern in Gruppe II:

In diese Gruppe fallen Schreibungen, die im System der deutschen Orthographie zwar grundsätzlich möglich wären, aber im gegebenen Fall falsch sind. Beispiele sind **dan* für *da**nn***, **Kol* für *K**oh**l*. Bei diesen beiden Beispielen fehlen keine Konsonanten, sondern ein Graphem steht für ein anderes. Wir analysieren grundsätzlich nach Graphemen und nicht nach Buchstaben, also *d-a-**n** statt d-a-**nn** (Einfachschreibung für Konsonantenverdoppelung) und *K-**o**-l statt K-**oh**-l (Einfachschreibung für markierte Länge).

Zu den Fehlern in Gruppe III:

Zu dieser Gruppe III gehören Schreibungen, die eine orthographische Markierung realisieren, die zwar im unmittelbaren Umfeld möglich wäre, aber im gesamten Wortgefüge nicht korrekt ist. Im Beispiel **kallt* für *kalt* ist die Doppelkonsonantenschreibung nach Kurzvokal grundsätzlich denkbar, aber hier nicht korrekt. Der Schüler hat offenbar ähnliche Formen wie *bellt* als Muster übergeneralisiert. Der Unterschied liegt darin, dass bei *bellt* ein Grundmorphem ***bell*** vorliegt, während ***kalt*** bereits das Grundmorphem darstellt.

Fehleranalysen, die dem Zweck dienen, die Orthographiebereiche zu ermitteln, in denen der Lerner die größten Probleme hat, sollten stets an frei formulierten Texten vorgenommen werden. Diktate sind in unterschiedlichem Maße ungeeignet, weil sie Schwierigkeiten vorgeben, die nicht der Verteilung der Anforderungen in deutschsprachigen Texten entsprechen. Berechnungen haben gezeigt, dass Texte ab 350 Wörtern Länge alle orthographischen Phänomene in ausreichender Verteilung aufweisen (Thomé & Thomé 2017c, S. 11). Wenn ein einzelner Text nicht die erforderliche Wörterzahl erreicht, kann man z. B. zwei Deutschaufsätze zusammenfassen und auswerten. Wichtig ist, dass die Texte relativ zeitnah verfasst sind, d. h. innerhalb von ca. sechs Wochen. Wertet man dennoch eine geringere Textmenge aus, sind die Ergebnisse dementsprechend etwas ungenauer.

Ein frei formulierter Schülertext bietet einerseits die Grundlage einer **validen** (gültigen) Einschätzung der Rechtschreibfähigkeit und zeigt gleichzeitig am **eigenen Wortschatz** des Lerners genau die individuellen Probleme auf, sodass mit diesen Wörtern des Lerners in der Förderung gezielt und passgenau gearbeitet werden kann. So kann man bei einer Förderung auf der Grundlage einer OLFA im doppelten Sinn von einer **individualisierten Rechtschreibförderung** sprechen, weil:

1. **das persönliche Rechtschreibprofil erhoben wird und**
2. **weil am eigenen Wortschatz die Rechtschreibunsicherheiten bearbeitet werden können.**

Auf die besondere Bedeutung solider sprachwissenschaftlich-sprachdidaktischer Grundlagen als Ausgangsbasis für die Deskription, Analyse und didaktische Nutzung von Rechtschreibfehlern weist Irene Corvacho del Toro (vgl. a. Valtin 2006b; Sasse & Valtin 2014a; für den DaZ-Bereich vgl. Siekmann & Corvacho del Toro 2018) hin:

> Das tiefe Verständnis des Sprach- und Schriftsystems stellt die Grundlage für eine qualitative Fehleranalyse dar, die wiederum der Lehrkraft erlaubt, eine lernförderliche Rückmeldung an den Schüler zu geben. Zudem bewirken die über die qualitative Fehleranalyse gewonnenen Einsichten eine **Sensibilisierung der Lehrkräfte** für Lernprozesse, sodass sie Rechtschreibfehler nicht ausschließlich mit dem Ziel einer Bewertung, sondern mit dem Ziel einer individuellen Förderung verfolgen können. (Corvacho del Toro 2013, S. 207)

3.5 Rechtschreibstörung, Rechtschreibschwäche, Rechtschreibschwierigkeiten, LRS/Legasthenie

Ein Buch mit dem Titel „Deutsche Orthographie“ kann und soll nicht der Ort sein, sich mit Legasthenie, LRS, Schwierigkeiten im Lesen und/oder Rechtschreiben usw. zu befassen. Wenn man sich aber mit Orthographietheorie und Rechtschreibdidaktik – und hier noch einmal speziell mit dem orthographischen Fehler – beschäftigt, stößt man immer wieder auf das Problem, dass ein gewisser Teil der Lerner auch nach neun und mehr Schuljahren in der Rechtschreibung nicht die Leistungen erreicht, die in der Schule und später im Beruf und allgemein in der Gesellschaft als ausreichend angesehen werden.[13]

In anderen Disziplinen als der Sprachwissenschaft und Sprachdidaktik widmet man sich ausführlicher diesem Problem. Um hier jeweils eine Expertin oder einen Experten zu nennen, deren Arbeiten ich be-

13 Aufgrund dieser Problematik habe ich zwei interdisziplinäre Sammelbände (mit-)herausgegeben (Thomé 2004, Schulte-Körne & Thomé 2014).

sonders schätze und empfehle, seien die folgenden genannt: für die Pädagogik Renate Valtin, für die Psychologie Gerheid Scheerer-Neumann und für die Psychiatrie Gerd Schulte-Körne.

Theorie

Zum Diskrepanzkriterium

Bis Anfang des 20. Jahrhunderts ging man davon aus, dass schwache Leistungen im Lesen oder Schreiben auch ein Zeichen für allgemein geringe geistige Leistungsfähigkeit seien. Dieser Einschätzung entsprechend wurden Schüler mit schwachen Leistungen in der Schriftsprache von vornherein von einem weiterführenden Bildungsweg ausgeschlossen.

Daher kann man es als einen Fortschritt ansehen, dass der Psychiater Paul Ranschburg 1916 in einem Aufsatz (Reprint in Thomé 2004, S. 166 ff.) ausführte, geringe Lese- und Rechtschreibleistungen seien nicht unbedingt Ausdruck einer minderen Intelligenz. Ranschburg legte dar, dass bei einigen Schulkindern eine **Diskrepanz** bestehe zwischen der Intelligenz, die man aufgrund der Lese- und Rechtschreibleistungen erwarteten würde, und der tatsächlich gemessenen Intelligenz. Ranschburgs Forschungen führten zu einer – zumindest teilweisen – Neubewertung von **Lese**- und/oder **Rechtschreibschwierigkeiten,** die er mit dem Begriff **Legasthenie** bezeichnete (1916, 1928).

Auf der Grundlage dieser Hypothesen wird bis heute noch eine Legastheniediagnose erstellt, wenn zwischen den Werten eines standardisierten Lese- oder Rechtschreibtests und den Werten eines standardisierten Intelligenztests eine gewisse Diskrepanz besteht.[14] Renate Valtin, die seit Jahrzehnten gegen eine zu enge LRS-/Legastheniedefinition argumentiert, äußert sich zur Diskrepanzdiagnose:

14 Die Studie von Fischbach u. a. (2013) zeigt auf, dass wegen des Diskrepanzkriteriums viele Lerner überhaupt keine Förderung erhalten; vgl. a. die grundlegenden Arbeiten von Valtin (1981, 2004, 2009, 2018 u. ö.).

> Bis vor kurzem wurden nur solche Kinder mit LRS als Legastheniker bezeichnet, bei denen eine Diskrepanz ihrer schwachen Lese- und/oder Rechtschreibleistung zur mindestens durchschnittlichen Intelligenz vorlag. International ist diese Diskrepanz-Definition inzwischen aufgegeben … (Valtin 2018, S. 41)

So wird im neuen **DSM-5**[15] auch auf das Diskrepanzkriterium[16] verzichtet, ebenso wie ansatzweise in den „Leitlinien zur Diagnostik und Behandlung von Kindern und Jugendlichen mit Lese- und/oder Rechtschreibstörung“[17] wie Gerheid Scheerer-Neumann ausführt:

> Die 2015 von der *Deutschen Gesellschaft für Kinder- und Jugendpsychiatrie, Psychosomatik und Psychotherapie e. V.* herausgegebenen *Leitlinien zur Diagnostik und Behandlung von Kindern und Jugendlichen mit Lese- und/oder Rechtschreibstörung* schließen nun neben lese- und rechtschreibschwachen Kindern mit einer Diskrepanz zur Intelligenz auch **nur** Leistungsschwache in ihre LRS-Definition mit ein. Es bleibt abzuwarten, ob die bisher den Diskrepanz-Legasthenikern vorbehaltenen Hilfen tatsächlich auf alle Leistungsschwachen ausgeweitet werden, zumal sich die Leitlinien nach wie vor auf das ICD-10 beziehen. (Scheerer-Neumann 2018, S. 27; Fettdruck nicht im Original enthalten)

Ähnlich äußert sich auch Gerd Schulte-Körne (2014):

> In Folge einer anhaltenden Diskussion und einer Reihe von empirischen Untersuchungen zur Frage, ob unterschiedliche Diagnosekriterien, nämlich eine IQ-Diskrepanz im Vergleich zu einer Alters- oder Klassendiskrepanz, unterschiedliche Subgruppen identifizieren, und da die Studien keine eindeutige Antwort auf diese Frage erbrachten …, hat man das IQ-Diskrepanzkriterium nicht mehr zentral im DSM 5 verankert. (Schulte-Körne 2014, S. 144)

15 Zum DSM-5 (Diagnostisches und statistisches Manual zur Klassifikation psychischer Störungen) vgl. American Psychiatric Association (APA) (2013, 2018), Schulte-Körne (2014).

16 Das Diskrepanzkriterium bezeichnet die Differenz des Intelligenzquotienten im Vergleich zur Lese- und/oder Rechtschreibleistung.

17 Näheres über die evidenz- und konsensbasierte Leitlinie der Deutschen Gesellschaft für Kinder- und Jugendpsychiatrie, Psychosomatik und Psychotherapie e. V. unter www.awmf.org; s. a. https://www.kjp.med.uni-muenchen/forschung/leitl_lrs.php (letzter Zugriff 15. 3. 2018).

Zur Verbindung von Lese- und Rechtschreibproblemen

Mit Begriffen wie Lese-Rechtschreib-Störung u. Ä. wird unausgesprochen vorausgesetzt, dass die Entwicklungen im Lesen- und Rechtschreiblernen sich gegenseitig bedingten oder zumindest parallel zueinander verliefen.

Dagegen wurde in verschiedenen Studien[18] festgestellt, dass die Leistungen im Lesen und im Rechtschreiben nicht voneinander abhängig sind. Sehr schwache Leseleistungen können bei einer unauffälligen Rechtschreibleistung auftreten und umgekehrt (vgl. ICD-10, DSM-5). Das entspricht der bereits in Kapitel 3.3 dargestellten Dissoziation von Lese- und Rechtschreibleistungen.

In der DESI-Untersuchung haben wir (Beck, Thomé & Thomé 2009) von einer Untergruppe (n = rd. 7.300 Neuntklässler) die geschlechtsspezifische Verteilung für die 10 % schwächsten Leser (n = 611) und die 10 % schwächsten Rechtschreiber (n = 445) untersucht. Waren die Anteile an den 10 % der schwächsten Leser mit 43 % Mädchen und 57 % Jungen fast gleich groß, bestand die Gruppe der 10 % schwächsten Rechtschreiber aus rund dreimal so vielen Jungen wie Mädchen, nämlich 72 % Jungen und 28 % Mädchen (s. Abbildung 40).[19]

18 Vgl. Desi-Konsortium (2008), Landerl & Moll (2009, 2014), Beck, Thomé & Thomé (2009), Siekmann (2011), Moll & Landerl (2011); s. a. die Zusammenfassungen von Scheerer-Neumann (2018, S. 30 f.), Thomé (2017, S. 11 ff.) und Herné & Löffler (2014, S. 15 ff.).

19 Viel moderater fallen die geschlechtsspezifischen Unterschiede in der Berliner Rechtschreib-Vergleichsuntersuchung aus (VERA 3, durchgeführt 2017, veröffentlicht 2018). Zu den in jeder Altersstufe besseren Leseleistungen von Mädchen s. Kessels, Heyder & Holder (2016, S. 91); weitere Ergebnisse und Zusammenfassungen s. Scheerer-Neumann (2018, S. 33 f.).

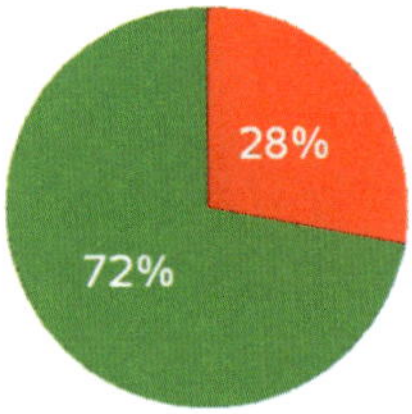

Abb. 40: Geschlechtsspezifische Verteilung bei den schwächsten Rechtschreibern in der DESI-Studie (nach Beck, Thomé & Thomé 2009, S. 44, Jungenanteil = grün, Mädchenanteil = rot)

Die schwächsten 10 % der Schüler im Lesen und die schwächsten 10 % im Rechtschreiben zeigten darüber hinaus ganz unterschiedliche Profile in allen anderen Testmodulen (s. Abbildung 41).

> Als Konsequenz aus diesen Ergebnissen scheint es angebracht, die Vorstellung von einer vorwiegend kombiniert auftretenden Lese-Rechtschreib-Schwäche/Legasthenie aufzugeben und die unterschiedlichen Problemfelder durch entsprechende Termini differenzierter zu beschreiben. (Beck, Thomé & Thomé 2009, S. 46)

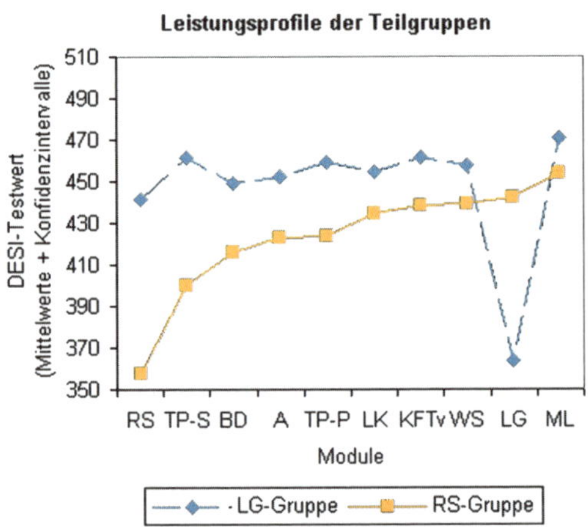

Abb. 41: Leistungsprofile von 445 schwachen Rechtschreibern und 611 schwachen Lesern in der DESI-Studie (Beck, Thomé & Thomé 2009, S. 44)

LG = Lesegruppe; RG = Rechtschreibgruppe; RS = Rechtschr.; TP-S = Textprod., Systemat.; BD = Bewusstheit Deutsch, gramm. Wissen, Können; A = Argumentation; TP-P = Textproduktion, pragmatisch; LK = Lesekompetenz; KFTv = Kogn. Fähigkeitstest, verbal; WS = Wortschatz; LS = Lesegeschwindigkeit; ML = metakognitives Wissen

Letztlich ist zu fragen, ob wir Rechtschreibstörung, -schwäche o. Ä. als **diskretes** Merkmal (liegt vor oder liegt nicht vor) oder als **kontinuierliches Merkmal** (mehr oder weniger) auffassen sollten.

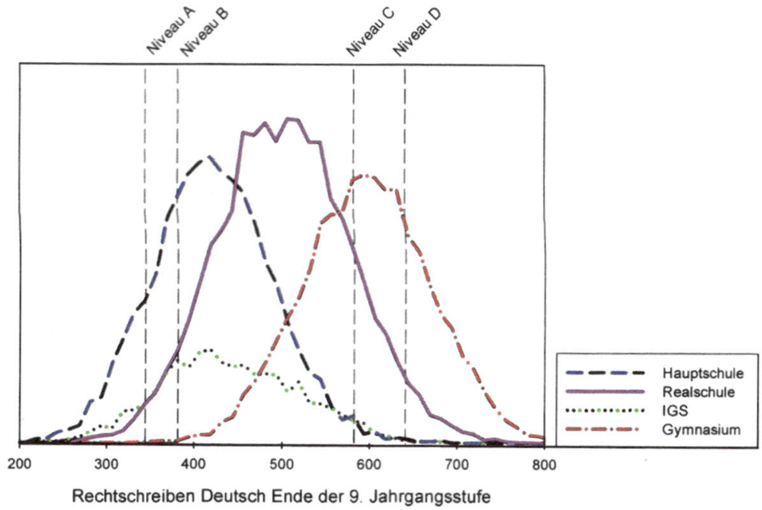

Abb. 42: Prozentuale Verteilung der Neuntklässler auf die Kompetenzniveaus in „Rechtschreiben Deutsch" unter Beachtung der Bildungsgänge (THOMÉ & EICHLER 2008, S. 110)

Wenn man sich die Kurvenverläufe, wie die der Rechtschreibleistungen von rd. 9.000 Neuntklässlern ansieht, kann man leicht erkennen, dass die Leistungen normalverteilt sind (s. Abbildung 42).

Wenn man danach einerseits nicht genau abgrenzen kann, ab wann eine Rechtschreibstörung, -schwäche o. Ä. vorliegt, gibt es doch andererseits Menschen, deren schwache Rechtschreibfähigkeiten für sie in Schule, Beruf und Gesellschaft ein erhebliches Problem darstellen. Hier sollte die Schule – trotz der bestehenden Schwierigkeiten – versuchen, einen begabungsgemäßen Schulabschluss zu ermöglichen. Daneben gibt es mittlerweile Verfahren für Schüler, die eine allgemeinbildende Schule besuchen, Schwächen in der Rechtschreibung in begrenzter Zeit und mit überschaubarem Aufwand zu beheben, wovon das folgende Unterkapitel handelt.

Praxis

Wir haben in über acht Jahren in unserem Institut für sprachliche Bildung, Oldenburg mit über 50 Kindern und Jugendlichen an deren gravierenden Rechtschreibproblemen gearbeitet. Viele der Lerner hatten eine ärztliche Bescheinigung über eine LRS bzw. Legasthenie. Nach durchschnittlich 25 wöchentlichen Sitzungen konnten die Betroffenen eine Rechtschreibleistung erbringen, die in der Schule mit den Noten 3 oder 4 bewertet wurde.

Grundsätzlich beginnt jede Rechtschreibförderung mit einer genauen Bestandsaufnahme des **individuellen orthographischen Entwicklungsstands** des Lerners. Da dieser erste Schritt ohne die Anwesenheit des Kindes oder Jugendlichen erfolgt, nämlich nur anhand von bereits vorliegenden Texten, wird eine Stresssituation, wie sie bei einem Test auftreten kann, gänzlich vermieden. Für die Ersteinschätzung der Rechtschreibkompetenz und -leistung verwenden wir die Oldenburger Fehleranalyse (OLFA, Thomé & Thomé 2017b und c), die speziell für die Klassenstufen 1–2 und 3–9+ entwickelt wurde. Dieses förderdiagnostische Instrument OLFA wurde in Kapitel 3.4 ausführlich beschrieben.

Schüler, die **keine Rechtschreibschwierigkeiten** haben, und Schüler, die **große Rechtschreibschwierigkeiten** haben, unterscheiden sich deutlich in den Anteilen der **unsystematischen Fehler** (nach OLFA, s. Tabelle 11). In Tabelle 12 wird die qualitative Verteilung der Fehler von je 20 Schülern aus dritten und vierten Klassen mit unterschiedlich großen Rechtschreibproblemen nach einer OLFA-Untersuchung von Yvonne Reining (2010) dargestellt.

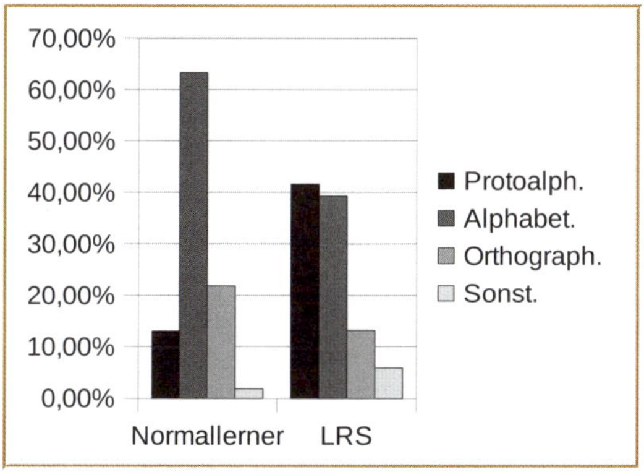

Tab. 12: Fehlerverteilung bei 20 Schülern ohne große Rechtschreibschwierigkeiten und 20 Schülern mit großen Rechtschreibschwierigkeiten aus 3. und 4. Klassen (Reining 2010, S. 49). Die Kategorien „protoalphabetisch", „alphabetisch" und „orthographisch" entsprechen den Gruppen I, II und III in der OLFA-Liste (s. Tab. 11).

Nach diesen und anderen Untersuchungen[20] zeigt sich, dass die Fehlerhäufigkeit im unsystematischen Bereich typisch für die Profile von Lernern mit großen Rechtschreibproblemen ist. An diesen Fehlerhäufungen muss eine individuell ausgerichtete Rechtschreibförderung[21] ansetzen, auch noch bei Schülern aus den Sekundarstufen I und II.

20 An der Goethe-Universität in Frankfurt/M. wurde das OLFA-gestützte Verfahren erprobt und evaluiert von Corvacho del Toro (2014, 2016a, c und d), Corvacho del Toro, Wilch & Thomé (2014), Thomé, Corvacho del Toro & Thomé (2016), Hoffmann-Erz (2017). An der Universität Münster wurde mit ähnlich guten Erfolgen an den Rechtschreibschwierigkeiten von Schülerinnen und Schülern gearbeitet (vgl. Siekmann 2014a und b).

21 Gute Unterstützung bietet hier die Veröffentlichung von Siekmann „Individuelle Diagnose und Förderung bei Rechtschreibschwierigkeiten" (2013); zur Organisation von Fördermaßnahmen vgl. Thomé & Thomé (2017a).

Konkretes Vorgehen

Bei der Interpretation der Fehler muss man zunächst wissen, welches Wort vom Schüler gemeint war. Das kann aufgrund der Handschrift und der Fehlerart nicht immer leicht zu entscheiden sein. Wenn es sich nicht sofort klären lässt, sollte man die Stelle mit einem Textmarker anstreichen und später nachfragen.

Für jedes Wort wird die beabsichtigte orthographisch korrekte Form mit der fehlerhaften Schülerschreibung verglichen. Bei diesem Vergleich werden die beiden Formen graphemweise gegliedert. Bei langen Wörtern oder wenn es noch an entsprechender Übung mangelt, kann man die beiden Formen auf einem Zettel notieren und die Grapheme der orthographisch korrekten Form mit Bindestrichen trennen. Dann wird die Schülerschreibung in dieses Raster eingetragen. Bei einer Schülerschreibung **jewals* für *jeweils* sähe das dann so aus:

j – e – w – **ei** – l – s
*j – e – w – **a** – l – s

Da es sich bei der Schreibung <a> nicht um ein mögliches Graphem für das Phonem /a͜ɪ/ handelt, wie die Tabelle 5 aller Vokalverschriftungen zeigt, bleibt nur die Zuordnung zur Fehlerkategorie „Falscher Vokal“ (Nr. 34, s. Tabelle 11, S. 99). Damit wird der Fehler der unsystematischen Gruppe (Gruppe **I**), zugeordnet, was bedeutet, er liegt **außerhalb des orthographischen Systems.** Ebenfalls unsystematische und damit schwerwiegende Fehler liegen vor, wenn für ein Phonem kein Graphem geschrieben wird, wie bei der häufigen Fehlschreibung **nich-* für *nicht* oder auch bei **Geburstag* für *Geburtstag*:

n-i-ch-**t**
*n-i-ch-_
G-e-b-u-r-**t**-s-t-a-g
*G-e-b-u-r-_-s-t-a-g

Ein anderer Fall liegt vor, wenn in einem Schülertext **faren* anstatt *fahren* erscheint. Hier fehlt kein Konsonantengraphem, sondern für das erforderte Graphem <ah> wurde *<a> geschrieben.

f-**ah**-r-e-n
*f- **a** -r-e-n

Damit ist zunächst die Zahl der Grapheme in Ordnung. Die Wortform *fahren* enthält fünf Grapheme, nämlich <f-ah-r-e-n>. Entsprechend besteht auch die Phonemform aus fünf Phonemen, also /f-ɑː-r-ə-n/. Die Schülerschreibung *<a> anstatt <ah> liegt **innerhalb des orthographischen Systems** (Gruppe **II**), denn für das Phonem /ɑː/ sind <a>, <ah> und <aa> mögliche Grapheme. Der Fehler wird in die Kategorie „Einfache Vokalschreibung für markierte Länge" eingetragen (s. OLFA-Liste, Tabelle 11).

Ein Beispiel für die nach OLFA der Gruppe **III** zugeordneten Fehler wäre die oben schon erwähnte Schreibung **kallt* für *kalt* oder **hällt* für *hält*. Eine Doppelkonsonantenschreibung nach einem Kurzvokal ist grundsätzlich möglich, aber hier nicht korrekt. Auch die Anzahl der Grapheme in der Schülerschreibung entspricht der der korrekten Wortform.

k-a- **l** -t
*k-a-**ll**-t

Hier wurde lediglich das Orthographem <ll> anstelle des Basisgraphems <l> verwendet. Der Schüler hat offenbar äußerlich ähnliche Formen wie *be**ll**t* oder *he**ll*** als Muster übergeneralisiert. Der Unterschied zwischen den korrekten und den fehlerhaften Formen liegt darin, dass bei *bellt* ein Wortstamm *bell* vorliegt, während *kalt* bereits den Wortstamm oder das Grundmorphem darstellt. Die Unterschiede kann man erkennen, wenn man abgeleitete Formen bildet. Während bei abgeleiteten Formen vom Verb *bellen* stets als Grundmorphem nur ***bell*** bleibt, *ich **bell**e*, *du **bell**st*, *er hat ge**bell**t* usw., ist mit ***kalt/kält*** schon der Wortstamm gegeben, wie die Formen ***kält**er*, *ich er**kält**e mich*, *er**kalt**en* usw. zeigen. Da hier bereits im Wortstamm zwei Konsonanten auf einen Kurzvokal folgen, muss kein Doppelkonsonantengraphem (also ein Graphem, das aus zwei Buchstaben besteht) geschrieben werden.

Wenn man noch nicht sicher in der Phonem- und Graphemgliederung ist oder gelegentlich einige Wörter in dieser Beziehung nachschlagen möchte, empfiehlt sich das Nachschauen in „Deutsche Wörter nach Laut- und Schrifteinheiten gegliedert“ (Thomé & Thomé 2016, s. Abbildung 39). Hier wird an rund 1.800 Haupteinträgen, die sich an den **Grundwortschätzen** einiger Bundesländer orientieren, eine Phonem-Graphem-Gliederung dargestellt. Neben den konkreten Einheiten zeigt sich in diesem Buch, das übrigens bisher das einzige Phonemwörterbuch des Deutschen darstellt, dass in jeder aufgeführten Wortform die Zahl der Phoneme und der Grapheme gleich groß ist. Ich würde auch gerne andere Werke empfehlen, die eine derartige Gliederung bieten, aber mir ist kein weiteres Buch dieser Art bekannt.

Wenn alle Fehler auf die oben beschriebene Weise klassifiziert und in die OLFA-Liste eingetragen sind, können Berechnungen durchgeführt werden, die wichtige Kennwerte erbringen und dazu dienen, die Ergebnisse etwas zusammenzufassen und übersichtlicher zu machen.

Da wir mit der OLFA die Texte ausgewertet haben, die vom Lerner selbst formuliert wurden, haben wir bereits falsch geschriebene Wörter aus seinem **eigenen Wortschatz** vor uns. Das ist ein enormer Vorteil für die Gespräche in der Förderung. Übungswörter aus bereits fertig vorliegendem Fördermaterial bergen die Gefahr, dass sie u. a. dem Schüler fremd sind und er sie daher nicht in seinen eigenen Schreibgebrauch einbauen wird. Dagegen werden Hinweise zur Rechtschreibung an Wörtern aus der eigenen Sprachpraxis gerne aufgenommen, da sie bereits Bestandteile des persönlichen Wortschatzes sind und so die nötigen Lernprozesse begünstigen.

Fördersitzungen (ab Klassenstufe 3)

Da man über Art und Ausmaß der Rechtschreibprobleme durch eine OLFA bereits informiert ist, können passende Übungen für die erste und die folgenden Sitzungen vorbereitet werden. Natürlich sollte die erste Sitzung mit einem persönlichen Gespräch über die Einstellung zur Rechtschreibung beginnen – auch etwas Ermunterung kann nicht schaden! Aber dann geht es schon zu inhaltlichen Themen.

Man beginnt mit Fehlschreibungen, die nach OLFA der **Gruppe I** zugeordnet werden. Diese betreffen in erster Linie Schreibungen, bei denen ein Graphem fehlt oder eines zu viel geschrieben wurde, danach mit Fehlern, die durch die Verwendung eines Graphems, das für die Schreibung des entsprechenden Phonems nicht möglich ist, zustande kommen. Markierte Längenschreibungen bei Kurzvokal und Doppelkonsonantengraphem nach Langvokal kommen nicht häufig vor und sollten nicht an erster Stelle behandelt werden.

Für das Gespräch über fehlende Grapheme müssen die betroffenen Wörter aus dem Schülertext zunächst in ihre Phoneme gegliedert und phonemweise vorgesprochen werden. Eine interessante Beobachtung in unserer mehrjährigen Praxis war, dass die Schüler auf eine besondere Art **ruhig** wurden, fast andächtig, wenn man die einzelnen Phoneme einer Wortform vorspricht. Vielleicht lag das daran, dass ihnen erstmals richtige lautliche Einheiten vorgesprochen wurden und nicht – wie leider noch oft – Buchstabennamen, die **sie** dann zur korrekten Lautform „**verschleifen**“ sollten.

Ein darauf folgendes zusammenhängendes Vorsprechen desselben Wortes nach der hochdeutschen Standardlautung muss als Ergänzung angeboten werden. Hierdurch kann der Lerner eine Verbindung zwischen der Folge der einzelnen Phoneme und der konkret zu sprechenden Wortform herstellen.

Die Verwendung eines Basisgraphems ist nur durch das Vorhandensein des jeweiligen Phonems zu begründen. Die Orthographeme werden zunächst ebenfalls durch das jeweilige Phonem begründet, aber zusätzlich noch durch die Prinzipien der deutschen Orthographie, die in Kapitel 1.4 behandelt werden. Sicherlich sollte man Grapheme, deren Begründung man unter dem historischen Prinzip zusammenfasst, einem Schüler nicht auf dieselbe ausführliche Weise zu erklären versuchen. Normalerweise genügt hier oftmals die Empfehlung, sich die betreffende Schreibung einfach zu merken, wie etwa die Schreibung <v> bei der Lautung /f/. Wer aber in der Förderung zu viele Orthographeme als „Merkschreibungen" bezeichnet, wird bald feststellen, dass die Schüler nicht mehr gut vorankommen, denn die Speicherkapazität für allzu viele Merkschreibungen ist begrenzt (vgl. NAUMANN 2017).[22]

Orthographeme, die eine gewisse Konstanz desselben Wortstammes auf der Schriftebene bei starken Veränderungen der Lautlichkeit bei der Wort- und Formenbildung herstellen sollen, wie etwa *Wald* und *Wälder*, können gut im Schülergespräch und in folgenden Übungen mit eben diesem Prinzip erklärt werden. Hier lässt sich an Beispielen wie *Hund – Hunde* oder *Haus – Häuser* gut das Stammprinzip erklären.

Qualifikation der fördernden Personen

An dieser Stelle sei auf die Bedeutung der **Qualifikation** in Phonologie, Phonetik und Grundlagen der Orthographietheorie der Therapeuten oder Förderlehrkräfte hingewiesen.[23] Durch inkorrekte Lautanalyse in den Fördersitzungen kann mehr Schaden als Nutzen entstehen.

22 Ganz entscheidend ist auch die Auswahl eines geeigeten Wortschatzes, vgl. dazu HOFFMANN-ERZ (2015, 2016, 2018), SIEKMANN (2017, 2018) und REICHARDT (2018). Über den Zusammenhang von Rechtschreibleistung und Wortschatz vgl. RICHTER & BRÜGELMANN (1996) und BETZEL & STEINIG (2016).

23 Zu den notwendigen Konsequenzen für die Lehrer- und Therapeutenaus- und -fortbildung und die große Relevanz der Sprachsystematik für die Didaktik vgl. CORVACHO DEL TORO (2013, 2014, 2016d und c, 2017), LÖFFLER (2014), HOFFMANN-ERZ (2014), BREMERICH-VOS & SCHOLTEN-AKOUN 2016. Dies ist besonders angesichts der sinkenden Rechtschreibleistung dringlich, vgl. STEINIG, BETZEL, GEIDER & HERBOLD (2009), STEINIG & BETZEL (2014) und AUGST (2017).

Wer das ganze bisherige Leben (oder den größten Teil) davon in derselben Region des deutschsprachigen Raumes gelebt hat und keine professionelle Sprechausbildung genossen hat, sollte seine Fähigkeiten in der korrekten Aussprache nach der Standardlautung und in der Phonemgliederung überprüfen. Denn schließlich spielt die **Phonem- und Graphemgliederung** im Gespräch und in den Übungen eine entscheidende Rolle. Der positive Effekt stellt sich nur dann ein, wenn die gegebenen Informationen auch dem System der deutschen Sprache und Orthographie entsprechen.

Zum Schwa /ə/: In vielen Gegenden wird das Schwa in der Umgangssprache überhaupt nicht gesprochen und in der bemühten Unterrichtssprache dann als [ɛ], [eː] oder zumindest als ein [ɛ]- oder [eː]-haltiger Laut „überbetont", was aber falsch ist.

Zu den Verschlusslauten: Die Laute [p], [t] und [k] sind in der Standardaussprache stimmlos und behaucht (aspiriert). Die Laute [b], [d] und [g] sind dagegen stimmhaft, also mit Einsatz der Stimmbänder, aber ohne Behauchung zu sprechen.

Zu den Diphthongen: Bei den Diphthongen [a͜ʊ], [a͜ɪ] und [ɔ͜ɪ] (als Basisgrapheme <au>, <ei>und <eu>) ist darauf zu achten, dass kein anderer Vokal mitschwingt oder dass sie nicht buchstabenweise gesprochen werden.

Zu den Doppelkonsonanten: Bei den doppelt geschriebenen Konsonantenzeichen, wie <tt>, <ll> oder <nn>, ist eine künstliche Längung der Konsonanten in bestimmten Silbenpositionen zu vermeiden. Im Deutschen unterscheiden sich Konsonanten nicht nach Länge und Kürze und sind allgemein kurz auszusprechen.

Geschriebenes <s>: Am Anfang eines Wortes und auch im Anfangsrand jeder Silbe ist das s immer stimmhaft, in der Lautschrift /z/ bzw. [z] geschrieben. Am Wortende und im Silbenendrand ist das s **immer** stimmlos. Mit **stimmhaftem s** fängt z. B. *Sonne* an. Ein **stimmloses s** haben wir am Ende von *Eis*. Diese Unterscheidung ist auch für das

Schreiben sehr wichtig. Das stimmlose s – /s/ wie in *Eis*, *Kuss oder Gruß*) – wird meistens mit einfachem <s> geschrieben, gelegentlich mit <ss> und selten mit <ß>. Aber das stimmhafte s – /z/ wie in ***S**onne*, ***S**eil* oder *E**s**el* – wird zu 100 Prozent mit einfachem <s> geschrieben.

Dehnungs-h und/oder silbeninitiales h sowie silbentrennendes h:
Wenn ein h Teil eines Vokalgraphems ist, um deutlich zu machen, dass es sich um einen Langvokal handelt (Dehnungs-h, z. B. in *gehen*), dann ist dieses **h nicht zu sprechen**. Silbeninitiales h oder ähnliche Begriffe gehen auf falsche Vorstellungen zurück. Die **Worttrennung am Zeilenende**, wie sie für den Schriftsatz im Buchdruckerwesen Anfang des 20. Jhs. festgeschrieben wurde (vgl. Konrad Duden 1903), läuft dem orthographischen System zuwider und ist damit für die Lernprozesse eher störend als hilfreich.

Phonem-Graphem-Gliederung:
In jedem Wort des Deutschen, Fremdwörter und Eigennamen ausgenommen, ist die Anzahl der Phoneme und der Grapheme gleich groß. Eine entsprechende Gliederung sollte von Lehrpersonen mit einiger Sicherheit zu leisten sein. Über die Phonem-Grapem-Beziehungen im Deutschen finden sich im vorliegenden Buch Übersichten zu allen Phonemen und den möglichen Graphemen zu ihrer Verschriftung.

Abbildungs- und Tabellenverzeichnis

Tabellen

Literaturverzeichnis

Adelung, J. Ch. (1782/1978): Grundgesetz der Deutschen Orthographie. In: Adelung, J. Ch.: *Magazin für die deutsche Sprache. Ersten Jahrgangs erstes Stück*. Leipzig: Selbstverlag, S. 59–83. [Nachdruck des Reprints von 1969, Hildesheim: Olms, in: Garbe, B. (Hrsg.): *Die deutsche rechtschreibung und ihre reform 1722–1974*. Tübingen: Niemeyer, S. 38–47].

Alighieri, s. Dante

American Psychiatric Association (Ed.) (2013): *Diagnostic and Statistical Manual of Mental Disorders (DSM-5)*. 5th Ed. Washington, D. C.: American Psychiatric Association.

American Psychiatric Association (Hrsg.) (2018): *Diagnostisches und statistisches Manual pschischer Störungen DSM-5®*. Deutsche Ausgabe hrsgg. v. P. Falkai, H.-U. Wittchen u. a. 2., korr. Aufl. Göttingen: Hogrefe.

Aristoteles' *Hermeneutik – Peri hermeneias*. Griechisch – Deutsch. Hrsgg., übersetzt und erläutert von H. Weidemann. 1. Aufl. 2015. Berlin, Boston: de Gruyter.

Aristoteles: *Metaphysik. Schriften zur Ersten Philosophie*. Übers. und hrsgg. von F. F. Schwarz. Nachdruck 1987. Stuttgart: Reclam.

Aristoteles' *Metaphysik*. Erster Halbband: Bücher I (A) – VI (E). Griechisch – Deutsch. Neubearbeitung u. übers. von Hermann Bonitz, hrsgg. von H. Seidl. 3., verbess. Auflage 1989 (1. Aufl. von 1978). Hamburg: Meiner.

Aristoteles' *Metaphysik*. Zweiter Halbband: Bücher VII (Z) – XIV (N). Griechisch – Deutsch. Neubearbeitung der Übers. v. H. Bonitz. Mit Einleitung und Kommentar, hrsgg. von H. Seidl. 4. Auflage 2009 (1. Auflage 1991). Hamburg: Meiner.

Aristoteles' *Poetik*. Griechisch/Deutsch. Übersetzt und hrsgg. von M. Fuhrmann. Vorherige Auflage von 1982. Stuttgart: Reclam 1989.

Augst, G. (1974a): Die linguistischen Grundlagen der Rechtschreibung und Rechtschreibreform. In: Augst, G. (Hrsg.): *Deutsche Rechtschreibung mangelhaft?* Heidelberg: Quelle & Meyer, S. 9–47.

Augst, G. (Hrsg.) (1974b): *Deutsche Rechtschreibung mangelhaft?* Heidelberg: Quelle & Meyer.

Augst, G. (1976): Welchen Sinn hat der Grammatikunterricht in der Schule? In: *Diskussion Deutsch*, H. 29, S. 227–242.

Augst, G. (1984): Der Buchstabe. In: *DUDEN: Grammatik der deutschen Gegenwartssprache*. 4., völlig neu bearb. u. erw. Aufl. Hrsgg. und bearb. v. G. Drosdowski. Mannheim u. a.: Bibliographisches Institut, S. 59–87.

Augst, G. (Hrsg.)(1985): *Graphematik und Orthographie*. Frankfurt/M.: Lang.

Augst, G. (Hrsg.) (1986): *New Trends in Graphemics and Orthography*. Berlin, New York: de Gruyter.

Augst, G. (1989): *Schriftwortschatz. Untersuchungen und Wortlisten zum orthographischen Lexikon bei Schülern und Erwachsenen*. Frankfurt/M. u. a.: Lang.

Augst, G. (1990): (Psycho)linguistische Grundlagen der (Ortho)graphie und des Orthographieunterrichts. In: *Die Grundschulzeitschrift 6*, H. 57, S. 32–33.

Augst, G. (1992): Zu den psycholinguistischen Grundlagen der Orthographie. In: *Muttersprache*, Bd. 100, S. 317–330.

Augst, G. (2005): Zwischen Silbengelenk- und Quantitätsmarkierung – der Doppelkonsonantenbuchstabe im Deutschen im Deutschen. In: *Zeitschrift für germanistische Linguistik* 33, S. 289–305.

Augst, G. (2009): *Wortfamilienwörterbuch der deutschen Gegenwartssprache. Studienausgabe*. Tübingen: Niemeyer.

Augst, G. (2017): Sinkende Rechtschreibleistungen oder Lockerung der gesetzten Rechtschreibnorm? In: Siekmann, K.; Corvacho del Toro, I.; Hoffmann-Erz, R. (Hrsg.): *Schriftsprachliche Kompetenzen in Theorie und Praxis*. Tübingen: Stauffenburg, S. 13–20.

Augst, G.; Dehn, M. (2013): *Rechtschreibung und Rechtschreibunterricht*. 5. akt. Aufl. (1. Aufl. 2007). Stuttgart: Klett.

Augst, G.; Blüml, K.; Nerius, D.; Sitta, H. (Hrsg.) (1997): *Zur Neuregelung der deutschen Orthographie*. Tübingen: Niemeyer.

Autorenkollektiv (1987): *Deutsche Orthographie*. Autorenkollektiv unter der Leitung von D. Nerius. Leipzig: VEB Bibliographisches Institut.

Balhorn, H. (1989): Nicht regeln, sondern operationen. In: Günther, K.-B. (Hrsg.): *Ontogenese, Entwicklungsprozeß und Störungen beim Schrifterwerb*. Heidelberg: Edition Schindele, S. 381–388.

Ball, S. (2016): *ABC-Poster*. Weinheim: Beltz & Gelberg.

Beck, B.; Klieme, E. (Hrsg.) (2007): *Sprachliche Kompetenzen. Konzepte und Messung. DESI-Studie (Deutsch Englisch Schülerleistungen International)*. Band 1. Weinheim, Basel: Beltz Pädagogik.

Beck, B.; Thomé, G.; Thomé, D. (2009): Schwache Rechtschreiber müssen keine schwachen Leser sein und umgekehrt. In: Valtin, R.; Hofmann, B. (Hrsg.): *Kompetenzmodelle der Orthographie*. Berlin: Deutsche Gesellschaft für Lesen und Schreiben, S. 40–47.

Becker, T. (2008): Modelle des Schriftspracherwerbs: Eine kritische Bestandsaufnahme. In: *Didaktik Deutsch* 25, S. 78–95.

Becker, T. (2013): *Schriftspracherwerb in der Zweitsprache: Eine qualitative Längsschnittstudie*. 2. korr. Aufl. Baltmannsweiler: Schneider Verlag.

Becker, T.; Peschel, C. (2017): Rechtschreibdiagnose im Regelunterricht. In: Siekmann, K.; Corvacho del Toro, I.; Hoffmann-Erz, R. (Hrsg.): *Schriftsprachliche Kompetenzen in Theorie und Praxis*. Tübingen: Stauffenburg, S. 177–187.

Becker, T.; Siekmann, K. (2012): Diagnose orthographischer Fähigkeiten bei mehrsprachigen Kindern. In: Grießhaber, W.; Kalkavan, Z. (Hrsg.): *Orthographie- und Schriftspracherwerb bei mehrsprachigen Kindern*. Freiburg: Fillibach, S. 169–187.

Becker-Mrotzek, M.; Roth, H.-J. (2017): Sprachliche Bildung – Grundlegende Begriffe und Konzepte. In: Becker-Mrotzek, M.; Roth, H.-J. (Hrsg.): *Sprachliche Bildung – Grundlagen und Handlungsfelder*. Bd. 1. Münster, New York: Waxmann, S. 11–36.

Bellin, J. (1642): *Teutsche Orthographie oder Rechte Schreibekunst*. Ohne Ort.

Bellin, J. (1647): *Sende-schreiben*. Hamburg: Wärner.

Bellin, J. (1657): *Hochdeudsche Rechtschreibung; darinnen die insgemein gebräuchliche Schreibart und derselben in vilen stükken grundrichtige Verbesserung unforgreiflich gezeiget würd*. Lübeck: Smalhaerzens Erben.

Betzel, D.; Steinig, W. (2016): Wortschatz und Orthographie. In: Mesch, B.; Noack, Ch. (Hrsg.): *System, Norm und Gebrauch – drei Seiten einer Medaille?* Baltmannsweiler: Schneider Verlag, S. 24–52.

Betzel, D.; Droll, H. (2017): Dass das so schwierig ist. Beobachtungen zur das/dass-Thematisierung. In: Siekmann, K.; Corvacho del Toro, I.; Hoffmann-Erz, R. (Hrsg.): *Schriftsprachliche Kompetenzen in Theorie und Praxis*. Tübingen: Stauffenburg, S. 87–100.

Bischoff, B. (1986): *Paläographie des römischen Altertums und des abendländischen Mittelalters*. 2., überarb. Aufl. Berlin: Schmidt.

Blömeke, S. u. a. (Hrsg.) (2011): *Kompetenzen von Lehramtsstudierenden in gering strukturierten Domänen*. Münster: Waxmann Verlag.

Böhm, M.; Mehlem, U. (2016): Mehr Zeit für die Schrift. Anmerkungen zur Rechtschreibdidaktik aus linguistischer und historischer Sicht. In: Kruse, N.; Reichardt, A. (Hrsg.): *Wie viel Rechtschreibung brauchen Grundschulkinder?* Berlin: Schmidt, S. 111–131.

Böhme, K.; Bremerich-Vos, A. (2009): Diagnostik der Rechtschreibkompetenz in der Grundschule. In: Granzer, D. u. a. (Hrsg.): *Bildungsstandards Deutsch und Mathematik*. Weinheim Beltz, S. 330–356.

Bormann, K. (1840): *Der orthographische Unterricht in seiner einfachsten Gestalt. Kritik der gewöhnlichen Methoden, und Nachweisung des allein naturgemäßen Weges beim Unterricht in der Rechtschreibung*. Berlin: Duncker und Humblot.

Bosch, B. (1937): Lesenlernen. Reprint hgg. von Giese, H. W. (2003): *Bernhard Bosch zum 100. Geburtstag*. Frankfurt/M.: DGLS.

Bradley, L.; Bryant, P. E. (1979): Independence of reading and spelling in backward and normal readers. In: *Developmental Medicine and Child Neurology* 21, H. 4, S. 504–514.

Bräuer, Ch.; Wieser, D. (Hrsg.) (2015): *Lehrende im Blick*. Empirische Lehrerforschung in der Deutschdidaktik. Wiesbaden: Springer.

Bredel, U.; Günther, H. (Hrsg.) (2006): *Orthographietheorie und Rechtschreibunterricht*. Tübingen: Niemeyer.

Bredel, U.; Reißig, T. (Hrsg.) (2011): *Weiterführender Orthographieerwerb*. Baltmannsweiler: Schneider Verlag Hohengehren.

Bredel, U.; Fuhrhop, N.; Noack, Ch. (2011): *Wie Kinder lesen und schreiben lernen*. Tübingen: A. Francke Attempo Verlag.

Bredel, U.; Müller, A.; Hinney, G. (Hrsg.) (2010): *Schriftsystem und Schrifterwerb: linguistisch – didaktisch – empirisch*. Berlin u. a.: de Gruyter.

Bremerich-Vos, A. (2017): Zum Gebrauchswert von Stufenmodellen orthographischer Kompetenz in der Sekundarstufe I für „AnwenderInnen“ in Schule und Hochschule. In: Siekmann, K.; Corvacho del Toro, I.; Hoffmann-Erz, R. (Hrsg.): *Schriftsprachliche Kompetenzen in Theorie und Praxis*. Tübingen: Stauffenburg, S. 121–143.

Bremerich-Vos, A.; Scholten-Akoun, D. (Hrsg.) (2016): *Schriftsprachliche Kompetenzen von Lehramtsstudierenden in der Studieneingangsphase.* Baltmannsweiler: Schneider Verlag Hohengehren.

Bremerich-Vos, A. u. a. (2011): Professionelles Wissen von Studierenden des Lehramts Deutsch. In: Blömeke, S. u. a. (Hrsg.): *Kompetenzen von Lehramtsstudierenden in gering strukturierten Domänen*. Münster: Waxmann Verlag, S. 47–76.

Brinkmann, W. (1912): *Erste Fibel. Hilfsbüchlein beim Unterricht im Schreib-Lesen*. 7. Auflage. Gütersloh: Bertelsmann.

Brügelmann, H.; Brinkmann, E. (1994): Stufen des Schriftspracherwerbs und Ansätze zu seiner Förderung. In: Brügelmann, H.; Richter, S. (Hrsg.): *Wie Kinder recht schreiben lernen*. Lengwil: Libelle Verlag, S. 44–52.

Chomsky, N.; Halle, M. (1968): *The Sound Pattern of English*. New York: Harper and Row.

Comenius, J. A. (1657/1992): *Große Didaktik*. Übers. u. hgg. v. A. Flitner. 7. Aufl. Stuttgart: Klett-Cotta.

Comenius, J. A. (1658): *Orbis sensualium pictus* [dt.: Die sichtbare Welt]. Nürnberg: M. Endter [kolorierter Reprint verfügbar: www.hs-augustana.de; Zugriff 15. 3. 2018].

Corvacho del Toro, I. (2013): *Fachwissen von Grundschullehrkräften. Effekt auf die Rechtschreibleistung von Grundschülern.* Bamberg: University Press [verfügbar unter: http://opus4.kobv.de/opus4-bamberg/frontdoor/index/index/docld/ 3579; letzter Zugriff 16. 2. 2018].

Corvacho del Toro, I. (2014): Erwerbbarkeit von effektiven förderdiagnostischen Kompetenzen. In: Siekmann, K. (Hrsg.): *Theorie, Empirie und Praxis effektiver Rechtschreib-Förderdiagnostik*. Tübingen: Stauffenburg, S. 169–189.

Corvacho del Toro, I. (2016a): Zur linguistischen Fundierung der Rechtschreibdidaktik. In: Kruse, N.; Reichardt, A. (Hrsg.): *Wie viel Rechtschreibung brauchen Grundschulkinder?* Berlin: Schmidt, S. 81–97.

Corvacho del Toro, I. (2016b): Differenzierte Betrachtung zur Silbe in der Rechtschreibdidaktik. In: Kruse, N.; Reichardt, A. (Hrsg.): *Wie viel Rechtschreibung brauchen Grundschulkinder?* Berlin: Schmidt, S. 211–214.

Corvacho del Toro, I. (2016c): Zur qualitativen Rechtschreibfehleranalyse und einer schriftsystematischen lernförderlichen Behandlung der Rechtschreibstörung. In: *Zeitschrift für Kinder- und Jugendpsychiatrie und Psychotherapie* 44. Jg., H. 5, S. 397–408.

Corvacho del Toro, I. (2016d): Sprachliche Heterogenität und individuelle Lernunterstützung. Über die Relevanz des Fachwissens und des fachdidaktischen Wissens im mehrsprachigen Kontext. In: *Leseräume*, 3. Jg., H. 3, S. 84–97 [verfügbar unter http://leseräume.de/wp-content/uploads/2016/11/lr-2016-1-corvacho_84-97.pdf; letzter Zugriff 26. 1. 2018].

Corvacho del Toro, I. (2016e): Zweisilber – Ja! Silbentrennung – Nein! Zweisilber im alphabetischen Schreiben und in der Konsonantenverdopplung. In: *Grundschulunterricht Deutsch* 63. Jg., H. 3, S. 36–38.
Corvacho del Toro, I. (2017): Orthographische Prinzipien aus graphematischer Sicht. Eine neue Betrachtung. In: Siekmann, K.; Corvacho del Toro, I.; Hoffmann-Erz, R. (Hrsg.): *Schriftsprachliche Kompetenzen in Theorie und Praxis*. Tübingen: Stauffenburg, S. 61–70.
Corvacho del Toro, I.; Hoffmann-Erz, R. (2014): Was ist lautgetreu? Zur Notwendigkeit einer begrifflichen Differenzierung. In: Siekmann, K. (Hrsg.): *Theorie, Empirie und Praxis effektiver Rechtschreib-Förderdiagnostik.* Tübingen: Stauffenburg, S. 29–40.
Corvacho del Toro, I.; Reichardt, A. (2012): Basis- und Orthographeme – Kenntnisse über den Aufbau des deutschen Schriftsystems nutzen. In: *Grundschulunterricht Deutsch 59*, H. 3, S. 20–23.
Corvacho del Toro, I; Thomé, G. (2013): Zum Effekt des Fachwissens von Lehrkräften auf die Rechtschreibleistung von Grundschülern. In: *Lernen und Lernstörungen* 2, H. 1, S. 21–33.
Corvacho del Toro, I.; Thomé, D.; Thomé, G. (2016): Stolpersteine beim Rechtschreiberwerb. Fachdidaktische Anmerkungen zu verbreiteten Irrtümern. In: *Deutsch differenziert*, H. 1, S. 6–8.
Corvacho del Toro, I.; Wilch, J.; Thomé, G. (2014): Was hat die Sprachdidaktik bei LRS zu bieten? Zur Frankfurter Studie "Therapie der Rechtschreibschwäche". In: Schulte-Körne, G.; Thomé, G. (Hrsg.): *LRS – Legasthenie: interdisziplinär.* Oldenburg: isb-Fachverlag, S. 171–196.
Dante Alighieri (um 1303/2009): *Über die Volkssprache – De Vulgari Eloquentia*. Lateinisch/Deutsch. Übersetzung Th. Vormbaum. St. Augustin: Academia Verlag.
Dehn, M. (1983): Vom „Verschriften“ zum Schreiben. In: *Grundschule* 15, H. 7, S. 28–31.
Dehn, M. (2013): *Zeit für die Schrift. Lesen und Schreiben im Anfangsunterricht*. Berlin: Cornelsen.
DESI-Konsortium (Hrsg.) (2008): *Unterricht und Kompetenzerwerb in Deutsch und Englisch. Ergebnisse der DESI-Studie (Deutsch Englisch Schülerleistungen International).* Band 2. Weinheim, Basel: Beltz.
Dilling, H.; Freyberger, H.-J. (Hrsg.) (2015): *Taschenführer zur ICD-10-Klassifikation psychischer Störungen*. 8., überarb. Aufl. entspr. ICD-10-GM. Göttingen: Hogrefe.
DIMDI (Deutsches Institut für Medizinische Dokumentation und Information (2018): ICD-10-GM (*Internationale statistische Klassifikation der Krankheiten und verwandter Gesundheitsprobleme, 10. Revision, German Modification*) Version 2019 [verfügbar unter https://www.dimdi.de/dynamic/de/klassifikationen/icd-10-gm/fassungen-und-formate/; letzter Zugriff 20. 11. 2018].
Doblhofer, E. (1964): *Zeichen und Wunder. Die Entzifferung verschollener Schriften und Sprachen.* München: Deutscher Taschenbuch Verlag.

Duden, K. (1872): Zur Orientirung über die orthographische Frage. In: Duden, K.: *Die deutsche Rechtschreibung*. Leipzig: Teubner [Nachdruck in Garbe, B. (Hrsg.): *Die deutsche rechtschreibung und ihre reform 1722–1974*. Tübingen: Niemeyer, S. 72–106].

Duden, K. (1880): *Vollständiges Orthographisches Wörterbuch der deutschen Sprache*. Nach den neuen preuß. u. bayer. Regeln. Leipzig. [Neudruck, Sammlung Duden, Band 1. Mannheim 1962].

Duden, K. (1903): *Rechtschreibung der Buchdruckereien deutscher Sprache* [„Buchdruckerduden"]. Leipzig, Wien: Bibliographisches Institut.

DUDEN (2013): *Duden. Die deutsche Rechtschreibung*. 26., völlig neu bearb. und erw. Aufl. Hgg. von der Dudenredaktion. Berlin u. a.: Dudenvlg.

DUDEN (2015): *Duden. Das Aussprachewörterbuch*. 7., kompl. überarb. u. akt. Aufl. Berlin: Dudenverlag.

Dürscheid, Ch. (2006): *Einführung in die Schriftlinguistik*. 3. überarb. u. erg. Aufl. (1. Aufl. 2002). Göttingen: Vandenhoeck & Ruprecht.

Dürscheid, Ch.; Schlobinski, P. (2004): *Einführung in die Schriftlinguistik*. 2., überarb. Aufl. Wiesbaden: VS Verlag für Sozialwissenschaft.

Eichler, W. (1976): Zur linguistischen Fehleranalyse von Spontanschreibungen. In: Hofer, A. (Hg.): *Lesenlernen*. Düsseldorf: Schwann, S. 246–264.

Eichler, W. (1983): Kreative Schreibirrtümer. Zur Auseinandersetzung des Schülers mit dem Verhältnis Laut – Schrift und mit den Rechtschreibregeln. In: *Diskussion Deutsch* 14, H. 74, S. 629–640.

Eichler, W. (1985): Rechtschreiblernen in und mit Regeln und als regelgeleitetes Verhalten. In: Augst, G. (Hrsg.): *Graphematik und Orthographie*. Frankfurt a. M., Bern, New York: Lang, S. 244–259.

Eichler, W. (1986): Zu Uta Frith' Dreiphasenmodell des Lesen und (Schreiben)Lernens. In: Augst, G. (Hrsg.): *New Trends in Graphemics and Orthography*. Berlin u. a., S. 234–247.

Eichler, W. (1991): Nachdenken über das richtige Schreiben. Innere Regelbildung und Regelfehlbildung im Orthographieerwerb. In: *Diskussion Deutsch*, H. 117, S. 34–44.

Eichler, W. (1992): *Schreibenlernen: Schreiben – Rechtschreiben – Texte-Verfassen*. Bochum: Kamp.

Eichler, W. (1993): Innere Regelbildung und benutzerfreundliche Orthographie. In: Balhorn, H.; Brügelmann, H. (Hrsg.): *Bedeutungen erfinden – im Kopf, mit Schrift und miteinander.* Konstanz: Faude, S. 308–315.

Eichler, W. (2011): Fähigkeitsniveaus in den sprachlichen Kompetenzbereichen. In: *Grundschulunterricht Deutsch* 58, H. 4, S. 6–10.

Eichler, W. (2017): Zur sprachkognitiven Diagnostik anhand von Leistungen im Text-Verfassen in der Grundschule. In: Siekmann, K.; Corvacho del Toro, I.; Hoffmann-Erz, R. (Hrsg.): *Schriftsprachliche Kompetenzen in Theorie und Praxis*. Tübingen: Stauffenburg, S. 145–153.

Eisenberg, P. (1983): Orthographie und Schriftsystem. In: K. B. Günther; H. Günther (Hrsg.): *Schrift, Schreiben, Schriftlichkeit.* Tübingen: Niemeyer, S. 41–68.

Eisenberg, P. (1985): Graphemtheorie und phonologisches Prinzip. Vom Sinn eines autonomen Graphembegriffs. In: Augst, G. (Hrsg.): *Graphematik und Orthographie*. Frankfurt/M. u. a.: Lang, S. 122–128.

Eisenberg, P. (1988): Die Grapheme des Deutschen und ihre Beziehungen zu den Phonemen. In: J. Baurmann, K. B. Günther; U. Knoop (Hrsg.): *Aspekte von Schrift und Schriftlichkeit.* Hildesheim: Olms, S. 139–154.

Eisenberg, P. (1989): Die Schreibsilbe im Deutschen. In: Eisenberg, P.; Günther, H. (Hrsg.): *Schriftsystem und Orthographie.* Tübingen: Niemeyer, S. 57–84.

Eisenberg, P. (1995): Der Laut und die Lautstruktur des Wortes. In: *DUDEN: Grammatik der deutschen Gegenwartssprache*. 5., völlig neu bearb. u. erw. Auflage. Hrsgg. u. bearb. G. Drosdowski. Mannheim u. a.: Dudenverlag, S. 21–55.

Eisenberg, P. (1996): Sprachsystem und Schriftsystem. In: H. Günther; O. Ludwig (Hrsg.): *Schrift und Schriftlichkeit. Writing and its Use*. Halbband 2. Berlin, New York: de Gruyter, S. 1368–1380.

Eisenberg, P. (1997): Das Versagen orthographischer Regeln: Über den Umgang mit dem Kuckucksei. In: Eroms, H.-W.; Munske, H. H. (Hrsg.): *Die Rechtschreibreform: Pro und Kontra.* Berlin: Schmidt, S. 47–50.

Eisenberg, P. (1998): Der Laut und die Lautstruktur des Wortes. In: *DUDEN: Grammatik der deutschen Gegenwartssprache*. 6., neu bearb. Auflage. Hrsgg. von der Dudenredaktion. Mannheim u. a.: Dudenverlag, S. 17–53.

Eisenberg, P. (1999): Vokallängenbezeichnung als Problem. In: *Linguistische Berichte*, 179, S. 343–349.

Eisenberg, P. (2000): Regeln und regeln lassen. Geminate und Politik. In: *Linguistische Berichte 181*, S. 119–121.

Eisenberg, P. (2005): Der Laut und die Lautstruktur des Wortes, Der Buchstabe und die Schriftstruktur des Wortes. In: *Duden-Grammatik*. Hgg. und bearb. von G. Drosdowski u. a. 7. Aufl., S. 21–84.

Eisenberg. P. (2011): Grundlagen der deutschen Wortschreibung. In: U. Bredel; T. Reißig (Hrsg.): *Weiterführender Orthographieerwerb*. Baltmannsweiler: Schneider Verlag Hohengehren, S. 83–95.

Eisenberg, P. (2017): *Deutsche Orthografie. Regelwerk und Kommentar.* Berlin, Boston: de Gruyter.

Eisenberg, P.; Fuhrhop, N. (2007): Schulorthographie und Graphematik. In: *Zeitschrift für Sprachwissenschaft 26*, S. 15–41.

Eisenberg, P.; Günther, H. (Hrsg.) (1989): *Schriftsystem und Orthographie*. Tübingen: Niemeyer.

Eisenberg, P.; Ramers, K. H.; Vater, H. (Hrsg.) (1992): *Silbenphonologie des Deutschen.* Tübingen. Narr.

Eisenlohr, M. F. (1927/1998): Fibel „*Deutsches Kinderbüchlein*“ (1. Aufl. 1920). Donauwörth: Auer. [Zweiter Faksimile-Nachdruck der Ausgabe von 1927. Donauwörth: Auer, 1998].

Eroms, H.-W.; Munske, H. H. (Hrsg.) (1997): *Die Rechtschreibreform: Pro und Kontra.* Berlin: Schmidt.

Ewald, P. (2000): Das 18. Jahrhundert. In: Nerius, D. (Hrsg.): *Deutsche Orthographie.* 3., neu bearb. Aufl. Mannheim: Bibliographisches Institut, S. 310–321 [2007 in 4., neu bearb. Aufl.. Hildesheim: Olms].

Fischbach, A. u. a. (2013): Prävalenz von Lernschwächen und Lernstörungen. Zur Bedeutung der Diagnosekriterien. In: *Lernen und Lernstörungen*, H. 3, S. 65–76.

Fölling-Albers, M. (2017): Auf das Hören ist kein Verlass. Über Fehler und Irrtümer beim Schriftspracherwerb und seiner Didaktik. In: Siekmann, K.; Corvacho del Toro, I.; Hoffmann-Erz, R. (Hrsg.): *Schriftsprachliche Kompetenzen in Theorie und Praxis*. Tübingen: Stauffenburg, S. 205–213.

Frangk, M. F. (1525): *Schreibe Kunst*. Ort nicht ermittelbar [unter „Bayerische Staatsbibliothek digital“ abrufbar, letzter Zugriff 20.11.2018].

Frangk, M. F. (1531): *Orthographia, gerecht buchstäbig Teutsch zuschreiben*. Frankfurt/M.: Christian Egenolph.

Frangk, M. F. (1540): *Orthographia. Haimliche vnd verborgne Cancellei*. Straßburg: Cammerlander.

Frank, H. J. (1973): Geschichte des Deutschunterrichts. Von den Anfängen bis 1945. München: Hanser.

Freyer, H. (1722): *Anweisung zur Teutschen Orthographie*. Halle: Waͤysenhause [Teilnachdruck in: B. Garbe (Hrsg.): *Die deutsche rechtschreibung und ihre reform 1722–1974*. Tübingen: Niemeyer, S. 1–13].

Freyer, H. (1728): *Anweisung zur Teutschen Orthographie*. Die andere Edition [2. Aufl.]. Halle: Waͤysenhause.

Friedrich, J. (1966): *Entzifferung verschollener Schriften und Sprachen*. 2., verb. Aufl. Berlin, Heidelberg, New York: Springer-Verlag.

Friedrich, J. (1974): *Hethitisches Elementarbuch*. 3. Aufl. Heidelbg.: Winter

Friedrich, J.; Röllig, W. (1970): Phönizisch – Punische Grammatik. 2., völlig neu bearb. Aufl. Rom: Pontificium Institutum Biblicum.

Frith, U. (1980): Unexpected Spelling Problems. In: Frith, U. (Ed.): *Cognitive Processes in Spelling*. London: Academic Press, pp. 495–515.

Frith, U. (1985): Beneath the Surface of Developmental Dyslexia. In: Patterson, K. E.; Marshall, J. C.; Coltheart, M. (Eds.): *Surface Dyslexia*. London: Hillsdale, pp. 301–330.

Frith, U. (1986): Psychologische Aspekte des orthographischen Wissens. In: Augst, G. (Hrsg.): *New Trends in Graphemics and Orthography*. Berlin u. a.: de Gruyter, S. 218–233.

Fuhrhop, N. (2015): *Orthographie*. 4. aktual. Aufl. Heidelberg. Winter.

Fuhrhop, N.; Peters, J. (2013): *Einführung in die Phonologie und Graphematik*. Stuttgart, Weimar: Metzler.

Gallmann, P. (1989): Syngrapheme an und in Wortformen. Bindestrich und Apostroph im Deutschen. In: Eisenberg, P.; Günther, H. (Hrsg.): *Schriftsystem und Orthographie*. Tübingen: Niemeyer, S. 85–110.

Gallmann, P. (1990): Wortschreibung und Schemakonstanz. In: *Zeitschrift für Germanistik 11*, S. 513–523.

Garbe, B. (1978): *Die deutsche rechtschreibung und ihre reform. 1722-1974*. Tübingen: Niemeyer.

Gardt, A. (1999): *Geschichte der Sprachwissenschaft in Deutschland. Vom Mittelalter bis ins 20. Jahrhundert*. Berlin, New York: de Gruyter.
Gelb, I. J. (1963): *A Study of Writing*. Chicago: University of Chicago Press.
Gerlach, D. (2014): Legasthenie und LRS in der Fremdsprache Englisch. In: Schulte-Körne, G.; Thomé, G. (Hrsg.) (2014): *LRS – Legasthenie: interdisziplinär*. Oldenburg: isb-Fachverlag, S. 11–26.
Ginter, K.; Tarnói, L. (1976): Ungarisch für Ausländer. 2. Aufl. Budapest: Tankönyvkiadó.
Glaßbrenner, A. (1850): Das A-B-C. Mit Bildern von Th. Hosemann. In: *Lachende Kinder*. Literarische Anstalt Rütten & Loening. Nachdr. n. d. 16. Aufl. (o. J.) aus der Sammlung Kohlmann. Hanau: Dausin.
Glinz, E. (1990): *Schweizer Sprachbuch zwei*. Zürich: Sabe.
Glinz, H. (1955): Die Kennzeichnung des langen Vokals in der deutschen Rechtschreibung u. die Möglichkeiten und Grenzen einer Vereinfachung. In: *Der Deutschunterricht* 7, H. 3, S. 83–93.
Glinz, H. (1997): Eine Reform der „Vernunft“ nach jahrzehntelangen Lernprozessen. In: Eroms, H.-W.; Munske, H. H. (Hrsg.): *Die Rechtschreibreform: Pro und Kontra*. Berlin: Schmidt, S. 59–168.
Glinz, H. (2006): Geschichte der Sprachdidaktik. In: Bredel, U. u. a. (Hrsg.): *Didaktik der deutschen Sprache*. 2. Aufl. Paderborn u. a.: Schöningh, S. 17–29.
Glück, H. (1987): *Schrift und Schriftlichkeit. Eine sprach- und kulturwissenschaftliche Studie*. Stuttgart: Metzler.
Gottsched, J. Ch. (1748): *Grundlegung einer deutschen Sprachkunst*. Leipzig: Breitkopf [Nachdruck in Garbe, B. (Hrsg.): *Die deutsche rechtschreibung und ihre reform 1722–1974*. Tübingen: Niemeyer, S. 14–26].
Graubner, B. (2018): *ICD-10-GM 2019. Systematisches Verzeichnis*. Hrsg. DIMDI. 10. Revision. Köln: Deutscher Ärzteverlag.
Grimm, J. (1822): *Deutsche Grammatik*. Erster Theil, 2. Ausgabe. Göttingen: Dieterich [Nachdruck in Garbe, B. (Hrsg.): *Die deutsche rechtschreibung und ihre reform 1722–1974*. Tübingen: Niemeyer, S. 54–62].
Gross, J. G. (1629): *Teutsche Grammatica*. Basel: J. J. Genath. [verfügbar: Universitätsbibliothek Basel, Al VII 2:2, http://dx.doi.org/10.3931/e-rara-24756/Public Domain Mark; letzter Zugriff 30. 1. 2018].
Grotlüschen, A.; Zimper, D. (2015): Literalitäts- und Grundlagenforschung. Münster: Waxmann.
Gueintz, J. Chr. (1666): *Die Deutsche Rechtschreibung*. Halle/Sachsen: M. Henckeln.
Günther, K. B.; Günther H. (Hrsg.) (1983): *Schrift, Schreiben, Schriftlichkeit. Arbeiten zur Struktur, Funktion und Entwicklung schriftlicher Sprache*. Tübingen: Niemeyer.
Hartmann, R.; Thomé, G. (2009): *Richtig schreiben lernen mit dem Aufbaukonzept*. Braunschweig: Westermann.
Hasselhorn, M.; Schneider, W. (Hrsg.) (2016): *Förderprogramme für Vor- und Grundschulkinder*. Göttingen: Hogrefe.
Heike, G. (1982): *Phonologie*. 2. Aufl. Stuttgart: Metzler.

Heller, K. (1975): Vorarbeiten für eine Reform der Fremdwortschreibung. In: *Linguistische Studien*, H. 24, S. 51–87.
Heller, K. (1980): Zum Graphembegriff. In: Nerius, D.; Scharnhorst, J. (Hg.): *Theoretische Probleme der deutschen Orthographie*. Berlin: Akademie-Verlag, S. 74–108.
Heller, K. (1981): Untersuchungen zu einer Reform der deutschen Orthographie auf dem Gebiet der Fremdwortschreibung. In: *Linguistische Studien*, Reihe A, Heft 83/1, S. 154–227.
Heller, K.; Nerius, D. (2000): Zur Stellung der geschriebenen Sprache und Orthographie in der neueren Linguistik. Kap. II. In: Nerius, D. (Hrsg.): *Duden: Deutsche Orthographie*. Mannheim: Bibl. Institut, S. 55–72.
Herné, K.-L.; Löffler, C. (2014): *LRS: Schwierigkeiten erkennen – Fähigkeiten fördern*. Seelze: Friedrich.
Herodot: *Historien I–V.* Übers. W. Marg. Übersetzung u. Nachdruck 1991 der Auflage von 1983. München: DTV; Zürich, München: Artemis.
Hessisches Lesebuch (1906). *1. Theil. Fibel. Ausgabe nach der gemischten Schreiblese-Methode*. Hrsgg. v. hessischen Schulmännern. 37. Aufl. Gießen: Roth.
Heyse, J. Ch. Aug. (1834): *Theoretisch-praktische deutsche Grammatik oder kurzgefaßtes Lehrbuch der deutschen Sprache*. Hannover: Verlag der Hahn'schen Hofbuchhandlung.
Heyse, J. Ch. Aug. (1838): *Theoretisch-praktische deutsche Grammatik oder Lehrbuch der deutschen Sprache*. 5., völlig umgearb. und sehr vermehrte Aufl. Hannover: Verlag der Hahn'schen Hofbuchhandlung.
Högg, G. H. (1858): *Deutsche Rechtschreibung nach Rudolf von Raumer. Regeln und Wörterbüchlein.* Ellwangen: Heß Buchhandlung.
Hoffmann-Erz, R. (2014): Zum Einfluss sprachsystematischer Gegebenheiten auf die Lernprozesse im Orthographieerwerb – Empirische Untersuchung am Beispiel der Länge- und Kürzemarkierung. In: Siekmann, K. (Hrsg.): *Theorie, Empirie und Praxis effektiver Rechtschreibdiagnostik.* Tübingen: Stauffenburg, S. 63–81.
Hoffmann-Erz, R. (2015): *Lernprozesse im Orthographieerwerb*. Eine empirische Studie zur Entwicklung der Generalisierungskompetenz. Berlin: Wissenschaftlicher Verlag.
Hoffmann-Erz, R. (2016): Bedeutung wortspezifischer Kenntnisse für den Orthographieerwerb. In: Mesch, B.; Noack, Ch. (Hrsg.): *System, Norm und Gebrauch – drei Seiten einer Medaille?* Baltmannsweiler: Schneider Verlag, S. 73–95.
Hoffmann-Erz, R. (2017): Fallbeschreibung einer Legasthenie-Therapie auf der Grundlage der Oldenburger Fehleranalyse. In: Siekmann, K.; Corvacho del Toro, I.; Hoffmann-Erz, R. (Hrsg.): *Schriftsprachliche Kompetenzen in Theorie und Praxis*. Tübingen: Stauffenburg, S. 189–201.
Hoffmann-Erz, R. (2018): Von Beispiel zu Beispiel und immer mehr … In: *Grundschulunterricht Deutsch 65*, H. 1, S. 8–11.
Hoffmann-Erz, R.; Corvacho del Toro, I. (2016): Wurm, Turm, Kirsche. Lautgetreues Schreiben sprachsystematisch fundiert anleiten. In: *Grundschulunterricht Deutsch*, 63. Jg., H. 3, S. 39–45.

Hofmann, R.; Kalmár, M. (Hrsg.) (2016): *L–R–S: Lesen – Rechnen – Schreiben. Ein Handbuch*. Wien: Lernen mit Pfiff.

Hofmann, B.; Sasse, A. (2006): Eine Legasthenie ist doch behebbar! In: Hofmann, B.; Sasse, A. (Hrsg.): *Legasthenie: Lese-Rechtschreibstörungen oder Lese-Rechtschreibschwierigkeiten?* Berlin: DGLS, S. 78–97.

Humboldt, W. v. (1836): *Über die Verschiedenheit des menschlichen Sprachbaues*. Berlin: Königliche Akademie der Wissenschaften.

Hußmann, A. u. a. (Hrsg.) (2017): *IGLU 2016: Lesekompetenzen von Grundschulkindern i. internationalen Vergleich*. Münster: Waxmann [verfügbar unter: https://www.kmk.org/fileadmin/Dateien/pdf/PresseUndAktuelles/2017/IGLU_2016_Berichtsband.pdf; letzter Zugriff 20. 2. 2018].

Ickelsamer, V. (1527/1971): Ain Teütsche Grammatica. *Die rechte weis aufs kürtzist lesen zu lernen*. Nachdruck der Ausgabe von 1527. Hgg. von K. Pohl (1971). Stuttgart: Klett.

Ickelsamer, V. (1534): *Ain Teütsche Grammatica. Darauß ainer von jm selbs mag lesen lernen*. Ohne Ort, ohne Verlag.

Ise, E.; Schulte-Körne, G. (2012): Implizites Lernen und LRS: Spielen Defizite im impliziten Lernen eine Rolle bei der Entstehung von Schwierigkeiten im Lesen und Rechtschreiben? In: *Lernen und Lernstörungen* 1, H. 2, S. 79–97.

Ise, E.; Engel, R.; Schulte-Körne, G. (2012): Was hilft bei der Lese-Rechtschreibstörung? Ergebnisse einer Metaanalyse zur Wirksamkeit deutschsprachiger Förderansätze. In: *Kindheit und Entwicklung* 21, Heft 2, S. 122–136.

Jakobson, R. (1969): *Kindersprache, Aphasie und allgemeine Lautgesetze* (1944 Erstauflage). Frankfurt/M.: Suhrkamp.

Jakobson, R.; Halle, M. (1971): *Fundamentals of Language*. 2., revised Edition (1956 Erstauflage). The Hague, Paris: Mouton, de Gruyter.

Jansen, H. (2008): Rechtschreibdiagnostik in pädagogisch-psychologischen Interventionen: Leistungen und Grenzen heutiger Rechtschreibtests. In: Schneider, W.; Marx, H.; Hasselhorn, M. (Hrsg.): *Diagnostik von Rechtschreibleistungen und -kompetenz*. Göttingen: Hogrefe, S. 159–189.

Jansen, H. (2017): Haben sich in den letzten zwei Jahrzehnten die vorschulischen Voraussetzungen für den Schriftspracherwerb verändert? In: Siekmann, K.; Corvacho del Toro, I.; Hoffmann-Erz, R. (Hrsg.): *Schriftsprachliche Kompetenzen in Theorie u. Pr.* Tübingen: Stauffenburg, S. 155–164.

Jansen, H.; Thomé, G. (1998): Entwicklung der /ɛ/-Phonemanalyse im ersten Schuljahr und ihr Zusammenhang mit der Wortschreibung. In: *Zeitschrift für Entwicklungspsychologie u. Pädagogische Psychologie* 30, S. 20–25.

Jastrow, M.; Clay, A. T. (1920/2009): *An Old Babylonian Version of the Gilgamesch Epic*. Reprint 2009. Workingham: Dodo Press.

Jensen, H. (1969): *Die Schrift in Vergangenheit und Gegenwart*. Reprint der 3. Aufl. Berlin: VEB Deutscher Verlag der Wissenschaften.

Jeuk, S. (2012): Orthographieerwerb mehrsprachiger Kinder in der 1. Klasse. In: Grießhaber, W.; Kalkavan, Z. (Hg.): *Orthographie- und Schriftspracherwerb bei mehrsprachigen Kindern*. Freiburg: Fillibach, S. 105–123.

Jordan, P. (1533/1987): *Leyenschul. Wie man Künstlich und behend/ schreyben vnnd lesen soll lernen.* Mainz: Peter Jordan. Reprint 1987, Reihe „Gießener Dokumentationsreihe. Bd. 7, hrsgg. von W. Bachmann: *Die „Leyenschul" von 1533*. Gießen: Institut für Heil- und Sonderpädagogik.
Jude, N.; Klieme, E. (2007): Sprachliche Kompetenz aus Sicht der pädagogisch-psychologischen Diagnostik. In: Beck, B.; Klieme, E. (Hrsg.): *Sprachliche Kompetenzen. Konzepte und Messung. DESI-Studie*. Band 1. Weinheim, Basel: Beltz, S. 9–22.
Jüngst, L. V. (1843): *Die deutsche Rechtschreibung. Ein Handbuch für Lehrer und zum Selbstgebrauche.* Münster: F. Regensberg.
Kaeding, F. W. (1898): *Häufigkeitswörterbuch der deutschen Sprache*. Steglitz bei Berlin: Mittler.
Kalkavan-Aydın, Z. (Hrsg.) (2018): DaZ/DaF Didaktik. Berlin: Cornelsen.
Karmiloff-Smith, A. (1999): *Beyond Modularity. A developmental perspective on cognitive science*. 4. Aufl. Cambridge/Mass.: MIT Press.
Kern, A. (1932): *Mit der Ganzheitsmethode durch das 1. Schuljahr.* Unter Mitarb. v. E. Kern, W. Straub. Freiburg i. Br.: Herder.
Kern, A. (1956): *Wer liest mit? Ein Bilderbuch zum Lesenlernen*. Osterausgabe. 9. Aufl. [ohne Jahresangabe, laut Deutsche Nationalbibliothek ist die 9. Aufl. 1956 erschienen]. Freiburg: Herder.
Kern, A.; Kern, E. (1969): *Praxis des ganzheitlichen Lesenlernens*. 14. Aufl. Freiburg, Basel, Wien: Herder.
Kessels, U.; Heyder, A.; Holder, K. (2016): Unterricht und Geschlecht aus internationaler Perspektive. In: McElvany, N. u. a. (Hrsg.): *Bedingungen und Effekte guten Unterrichts*. Münster: Waxmann, S. 89–106.
Klicpera, Ch.; Gasteiger-Klicpera, B. (2001): Verlaufsuntersuchungen zur schulischen Förderung von Kindern mit Legasthenie. In: Schulte-Körne, G. (Hg.): *Legasthenie und Dyskalkulie*. Bochum: Winkler, S. 199–211.
Klicpera, Ch.; Gasteiger-Klicpera, B.; Schabmann, A. (2006): Rechtschreibschwierigkeiten. In: Bredel, U. u. a. (Hg.): *Didaktik der deutschen Sprache*. 2., durchges. Aufl. Paderborn u. a.: Schöningh, Band 1, S. 405–419.
Klicpera, Ch.; Schabmann, A.; Gasteiger-Klicpera, B.; Schmidt, B. (2017): *Legasthenie – LRS*. 5., überarb. u. akt. Aufl. München, Basel: Reinhardt.
Klopstock, F. G. (1778): *Ueber di deütsche Rechtschreibung*. In: Campe, J. H. (Hg.): Sammlung einiger Erziehungsschriften. Zweiter Theil. Leipzig: Weygand, S. 11-50 [Nachdruck in Garbe, B. (Hrsg.): *Die deutsche rechtschreibung und ihre reform 1722–1974*. Tübingen: Niemeyer, S. 26–38].
KMK (2017): *Ländergemeinsame inhaltliche Anforderungen für die Fachwissenschaften und Fachdidaktiken in der Lehrerbildung*. Beschluss der KMK v. 2008 in der Fassung 19.3.2017 [unter www.kmk.org/fileadmin/Dateien/veroeffentlichungen_beschluesse/2008/2008_10_16_Fachprofile-Lehrerbildung.pdf; letzter Zugriff 20. 6. 2017].
Kohrt, M. (1985): *Problemgeschichte des Graphembegriffs und des frühen Phonembegriffs*. Tübingen: Niemeyer.
Konfuzius: *Gespräche des Meisters Kung (Lun Yü)*. Aus dem Chin. übertr. u. hrsgg. v. E. Schwarz, 6. Aufl. München: DTV [Zitat in Einführung: S. 41, Meister Kung (551–479 v. Chr.) latinisiert als Konfuzius].

Korfkamp, J.; Löffler, C. (Hrsg.) (2016): *Handbuch zur Alphabetisierung und Grundbildung Erwachsener.* Münster, New York: Waxmann.

Küttel, H. (2000): Probleme des Erwerbs der Orthographie. Kap. 11. In: Nerius, D. (Hrsg.): *Duden: Deutsche Orthographie*. 3., neu bearb. Aufl. Mannheim: Bibliographisches Institut, S. 404–436.

Krelle, M.; Senn, W. (Hrsg.) (2016): *Qualitäten von Deutschunterricht. Empirische Unterrichtsforschung im Fach Deutsch*. Stuttgart: Fillibach im Klett Verlag.

Kruse, N.; Reichardt, A. (Hrsg.) (2016): *Wie viel Rechtschreibung brauchen Grundschulkinder?* Berlin: Schmidt.

Kuhn, K.; Mrowka-Nienstedt, K. (2017): *ABC der Tiere 1 – Die Silbenfibel*. Kompakt. Neubearbeitung. Leselehrgang. Mildenberger.

Labat, R. (1976): *Manuel D'Épigraphie Akkadienne. (Signes, Syllabiere, Idéogrammes).* 5. Édition. Paris: Librairie Orientaliste P. Geuthner.

Lange, R. (1910): *Wider die Wortbildtheorie im Rechtschreibunterrichte.* Leipzig: Verlag der Dürr'schen Buchhandlung.

Landerl, K. (2003): Categorisation of vowel length in german poor spellers: an orthographically relevant phonological distinction. In: *Applied Psycholinguistic*. 24, S. 523–538.

Landerl, K.; Moll, K. (2009): Double dissociation between reading and spelling. In: *Scientific Studies of Reading* 13, H. 5, S. 359–382.

Landerl, K.; Moll, K. (2014): Dissoziationen zwischen Störungen des Lesens und Störungen des Rechtschreibens. In: Schulte-Körne, G.; Thomé, G. (Hrsg.) (2014): *LRS – Legasthenie*. Oldenburg: isb-Fachverlag, S. 47–60.

Landerl, K.; Wimmer, H. (2006): Lese-Rechtschreib-Schwächen. In: Rost, D. H. (Hrsg.): *Handwörterbuch Pädagogische Psychologie*. 3. Aufl. Weinheim: Beltz, S. 441–450.

Leuninger, H. (2017): Kommunikation meistens gelingt sie. In: Siekmann, K.; Corvacho del Toro, I.; Hoffmann-Erz, R. (Hrsg.): *Schriftsprachliche Kompetenzen in Theorie und Praxis*. Tübingen: Stauffenburg, S. 21–36.

Leuninger, H., Vorköper, M.-O.; Happ, D. (2003): Schriftspracherwerb und Deutsche Gebärdensprache. In: *Osnabrücker Beiträge zur Sprachtheorie (OBST)*, H. 66, S. 27–63.

Lindauer, Th.; Schmellentin, C. (2008): *Studienbuch Rechtschreibdidaktik. Die wichtigsten Regeln im Unterricht*. Zürich: orell füssli, UTB.

Lindauer, Th.; Schmellentin, C. (2017): *Die wichtigen Rechtschreibregeln*. 6. Aufl. Zürich: orell füssli.

Löffler, C. (2011): Heute lese-rechtschreibschwach, morgen funktionaler Analphabet? In: Schulte-Körne, G. (Hrsg.): Legasthenie und Dyskalkulie: *Stärken erkennen – Stärken fördern*. Bochum: Winkler, S. 87–97.

Löffler, C. (2014): Qualitative Rechtschreibdiagnostik in den ersten Schuljahren – zwischen Wissenschaft und Praxis. In: Siekmann, K. (Hrsg.): *Theorie, Empirie und Praxis effektiver Rechtschreibdiagnostik.* Tübingen: Stauffenburg, S. 111–130.

Löffler, C. (2016): Zum Zusammenhang von Lese-Rechtschreibstörung, Lese-Rechtschreibschwäche/Legasthenie und Analphabetismus. In: Löffler,

C.; Korfkamp, J. (Hrsg.): *Handbuch zur Alphabetisierung und Grundbildung Erwachsener.* Münster, New York: Waxmann; utb, S. 33–41.
Löffler, C. (2017): Erwachsene mit geringen Lese- und Rechtschreibfähigkeiten. In: Siekmann, K.; Corvacho del Toro, I.; Hoffmann-Erz, R. (Hrsg.): *Schriftsprachliche Kompetenzen in Theorie und Praxis*. Tübingen: Stauffenburg, S. 111–118.
Löffler, C.; Weis, S. (2016): Didaktik der Alphabetisierung. In: Löffler, C.; Korfkamp, J. (Hrsg.): *Handbuch zur Alphabetisierung und Grundbildung Erwachsener.* Münster, New York: Waxmann; utb, S. 365–382.
Löffler, I.; Meyer-Schepers, U.; Lischeid, Th. (2007): Rechtschreibschwäche im Focus der Kompetenzdiagnostik. Ergebnisse aus der Internat. Grundschul-Lese-Untersuchung (IGLU-E). In: Schulte-Körne, G. (Hrsg.): *Legasthenie und Dyskalkulie*. Bochum: Winkler, S. 267–280.
Luther, M. (1530/1909): Sendbrief vom Dolmetzschen. In: Weimarer Ausgabe (1909): *Martin Luthers Werke und kritische Gesamtausgabe.* Hermann Böhlaus Nachfolger. 30. Band. Zweite Abteilung, S. 632–646.
Maas, U. (1989): Dehnung und Schärfung in der deutschen Orthographie. In: Eisenberg, P.; Günther, H. (Hrsg.): *Schriftsystem und Orthographie.* Tübingen: Niemeyer, S. 229–249.
Maas, U. (1992): *Grundzüge der deutschen Orthographie.* Tübingen.
Maas, U. (2006): *Phonologie. Einführung in die funktionale Phonetik des Deutschen.* 2. überarb. Aufl. Göttingen: Vandenhoek & Ruprecht.
Maas, U. (2011): Zur Geschichte der deutschen Orthographie. In: U. Bredel; T. Reißig (Hrsg.): *Weiterführender Orthographieerwerb*. Baltmannsweiler: Schneider Verlag Hohengehren, S. 10–47.
Mayer, A. (2018): Gezielte Förderung bei Lese-Rechtschreibstörung. 3., überarb. Aufl. München: Reinhardt.
Mehlem, U. (2017): Lesekompetenz in der Erstsprache Arabisch bei geflüchteten Kindern in Deutschland – eine Fallstudie. In: Siekmann, K.; Corvacho del Toro, I.; Hoffmann-Erz, R. (Hrsg.): *Schriftsprachliche Kompetenzen in Theorie und Praxis*. Tübingen: Stauffenburg, S. 101–110.
Mehlem, U.; Sahel, S. (Hrsg.) (2010): *Erwerb schriftsprachlicher Kompetenzen im DaZ-Kontext*. Freiburg i. Br.: Fillibach.
Meier, H. (1978): *Deutsche Sprachstatistik.* Erster Bd. 2., erweit. u. verbess. Aufl. Hildesheim, New York: Olms.
Meinhold, G.; Stock, E. (1982): *Phonologie der deutschen Gegenwartssprache*. 2., durchges. Auflage. Leipzig: VEB Bibliographisches Institut.
Meisenburg, T. (1998): Zur Typologie von alphabetischen Schriftsystemen. In: *Linguistische Berichte*, 173, S. 43–64.
Meißner, B.; Oberhuber., K. (1967): *Die Keilschrift*. 3., völlig neu bearb. Aufl. Berlin: de Gruyter.
Menzel, W. (1985): Rechtschreibunterricht – Praxis und Theorie. Beiheft zu: *Praxis Deutsch*, 12, H. 69.
Menzel, W. (1997): Vorurteile ausräumen, Fehleinschätzungen beseitigen. In: Eroms, H.-W.; Munske, H. H. (Hrsg.): *Die Rechtschreibreform: Pro und Kontra*. Berlin: Schmidt, S. 135–142.

Menzel, W. (2004): *Lesen lernen – schreiben lernen*. 1. Aufl. 1990. Nachdruck. Braunschw.: Westermann.
Mildenberger (o. J., wahrsch. 2018): *Eine Einführung in die Silbenmethode. 70 Jahre Mildenberger 1948-2018*. (Broschüre: 1756_Internet.pfd, letzter Zugriff 28. 2. 2018). Offenburg: Mildenberger.
Mohr, J. (1891): *Unsere Methode der Rechtschreibung. Kritik derselben und Vorschläge zu ihrer Umgestaltung*. Flensburg: Westphalen.
Moll, K.; Landerl, K. (2011): Lesedefizite und Rechtschreibdefizite – zwei Seiten derselben Medaille? In: Schulte-Körne, G. (Hrsg.): *Legasthenie und Dyskalkulie: Stärken erkennen – Stärken fördern*. Bochum: Winkler, S. 11–24.
Moll, K.; Wallner, R.; Landerl, K. (2012): Kognitive Korrelate der Lese-, Leserechtschreib- und der Rechtschreibstörung. In: *Lernen und Lernstörungen* 1, H. 1, S. 7–19.
Moritz, C. Ph. (1784): *Von der deutschen Rechtschreibung*. Berlin: A. Weber.
Moser, V. (1929): *Frühneuhochdeutsche Grammatik*. 1. Bd. 1. Hälfte: Orthographie, Betonung, Stammsilbenvokale. Heidelberg: Winter-Universitätsbuchhandlung.
Naumann. C. L. (1985): Zu den Prinzipien der Orthographie. In: Augst, G. (Hg.): *Graphematik und Orthographie*. Frankfurt/M. : Lang, S. 105–111.
Naumann, C. L. (1989): *Gesprochenes Deutsch und Orthographie. Linguistische und didaktische Studien*. Frankfurt a. M. u. a.: Lang.
Naumann, C. L. (1999): *Orientierungswortschatz. Die wichtigsten Wörter und Regeln für die Rechtschreibung. Klassen 1–6*. Überarb. 4. Aufl. Weinheim, Basel: Beltz.
Naumann, C. L. (2006): Rechtschreiberwerb. Die graphematischen Grundlagen und eine Modellierung bis zum Ende der Schulzeit. In: Weinhold, S. (Hrsg.): *Schriftspracherwerb empirisch*. Baltmannsweiler: Schneider Verlag, S. 45–86.
Naumann, C. L. (2008): Zur Rechtschreibkompetenz und ihrer Entwicklung. In: Bremerich-Vos, A.; Granzer, D.; Köller, O. (Hrsg.): *Lernstandsbestimmung im Fach Deutsch*. Weinheim, Basel: Beltz, S. 134–159.
Naumann, C. L. (2014): Lesen – Schreiben; Deutsch – Englisch; früher Schrift- und Zahlgebrauch. Eine vergleichende sprachwissenschaftlich-sprachdidaktische Betrachtung mit Anregungen zum Verständnis von LRS/Legasthenie. In: G. Schulte-Körne; G. Thomé (Hrsg.): *LRS – Legasthenie: interdisziplinär*. Oldenburg: isb-Fachverlag, S. 79–113.
Naumann, C. L. (2016a): Die Architektur der Schrift im Deutschen ist asymmetrisch. Was bedeutet das für den Erwerb? In: Kruse, N.; Reichardt, A. (Hrsg.): *Wie viel Rechtschreibung brauchen Grundschulkinder?* Berlin: Schmidt, S. 67–79.
Naumann, C. L. (2016b): Silbisches – neben anderem – im Schreib- und Lese-Lernprozess. In: Kruse, N.; Reichardt, A. (Hrsg.): *Wie viel Rechtschreibung brauchen Grundschulkinder?* Berlin: Schmidt, S. 159–163.
Naumann, C. L. (2016c): Nach- und Aufklärung. In: Kruse, N.; Reichardt, A. (Hrsg.): *Wie viel Rechtschreibung brauchen Grundschulkinder?* Berlin: Schmidt, S. 205–210.

Naumann, C. L. (2017): Nachdenken über merk-würdige Orthographeme: Basis-, Orthographeme und Mitsprech-, Nachdenk-, Merkwörter. In: Siekmann, K.; Corvacho del Toro, I.; Hoffmann-Erz, R. (Hrsg.): *Schriftsprachliche Kompetenzen in Theorie u. Praxis*. Tübingen: Stauffenburg, S. 37–47.

Nerius, D. (1989): Normiertheit und Veränderung in der deutschen Orhographie. In: Eisenberg, P.; Günther, H. (Hrsg.): *Schriftsystem und Orthographie*. Tübingen: Niemeyer, S. 267–281.

Nerius, D. (1997): Was soll und was kann eine Orthographiereform leisten? In: Eroms, H.-W.; Munske, H. H. (Hrsg.): *Die Rechtschreibreform: Pro und Kontra*. Berlin: Schmidt, S. 157–163.

Nerius, D. (2000): Orthographische Prinzipien. In: Nerius, D. (Hrsg.): *Deutsche Orthographie*. 3., neu bearb. Aufl. Mannheim: Bibliographisches Institut, S. 84–97.

Nerius, D. (Hrsg.) (2000): *Deutsche Orthographie*. 3., neu bearb. Aufl. Mannheim: Bibliographisches Institut [2007 in 4., neu bearb. Auflage erschienen. Hildesheim: Olms].

Nerius, D. (2015): *Das deutsche Rechtschreibwörterbuch. Entwicklung, Struktur und Funktion*. Hildesheim u. a.: Olms.

Nerius, D.; Scharnhorst, J. (Hrsg.) (1980): *Theoretische Probleme der deutschen Orthographie*. Berlin: Akademie-Verlag.

Neuland, E. (1990): Schriftspracherwerb. In: *Muttersprache*, 100, H. 4, S. 331–341.

Neuland, E.; Peschel, C. (2013): *Einführung in die Sprachdidaktik*. Stuttgart: Metzler.

Noack, Ch. (2015): Geschichte des Lesen- und Schreibenlehrens in Deutschland von der Frühen Neuzeit bis zur Gegenwart. In: Röber, Ch.; Olfert. H. (Hrsg.): *Schriftsprach- und Orthographieerwerb: Erstlesen, Erstschreiben*. Baltmannsweiler: Scheider Verlag Hohengehren, S. 30–54.

OECD (2016): *PISA 2015 – Ergebnisse. Bd. 1. Exzellenz und Chancengleichheit in der Bildung, PISA*. Bielefeld: Bertelsmann. (Zugriff am 7. 7.2017 unter http://www.oecd-library.org/docserver/download/9816065e.pdf?expires=1499425404&id=id&accname=guest&checksum=9054A1D90E13E06332FEB185112C0A35).

Ortmann, W. D. (1976): *Beispielwörter für deutsche Rechtschreibübungen. 7995 hochfrequente Wortformen der Kaeding-Zählung, rechnersortiert nach Phonem-Graphem-Beziehungen*. Hgg. v. Goethe-Institut München, Projekt Phonothek. München.

Ossner, J. (2006): Geschichte der Didaktik des Rechtschreibens. In: Bredel, U. u. a. (Hrsg.): *Didaktik der deutschen Sprache*. 2., durchges. Aufl. Paderborn u. a.: Schöningh, Band 1, S. 355–368.

Ossner, J. (2007): *Sprachdidaktik Deutsch*. 2. überarb. Aufl. Paderborn u. a.: Schöningh, UTB.

Ossner, J. (2010): *Orthographisches System und Didaktik*. Stuttgart: UTB/ Schöningh.

Quintilianus, M. F.: *Ausbildung des Redners*. Zwölf Bücher. Hrsgg. u. übersetzt von H. Rahn. Erster Teil, Buch I–VI. 3. Auflage 1995 (nach d. Erstauflage von 1972). Darmstadt: Wissenschaftliche Buchgesellschaft.

Rahnenführer, I. (1980): Zu den Prinzipien der Schreibung des Deutschen. In: Nerius, D.; Scharnhorst, J. (Hrsg.): *Theoretische Probleme der deutschen Orthographie*. Berlin: Akademie-Verlag, S. 231–259.

Rahnenführer, I. (1989): Nochmals zum Status der Prinzipien in der Orthographie. In: Eisenberg, P.; Günther, H. (Hrsg.): *Schriftsystem und Orthographie*. Tübingen: Niemeyer, S. 283–296.

Ramers, K.-H.; Vater, H. (1991): *Einführung in die Phonologie*. 2. Auflage. Hürth-Efferen: Gabel.

Ranschburg, P. (1916/2004): *Die Leseschwäche (Legasthenie) und Rechenschwäche (Arithmasthenie) der Schulkinder im Lichte des Experiments*. Berlin: Springer. [Teilnachdr. in Thomé, G. (Hrsg.): *Lese-Rechtschreib-Schwierigkeiten (LRS) und Legasthenie*. Weinheim, Basel: Beltz 2004, S. 166–186.

Ranschburg, P. (1928): *Die Lese- und Schreibstörungen des Kindesalters*. Halle a. d. Saale: Marhold.

Raumer, R. v. (1855): *Über Deutsche Rechtschreibung*. Wien: C. Gerolds Sohn.

Read, C. (1974): Kenntnisse der englischen Phonologie bei Vorschulkindern. In: Eichler, W.; Hofer, A. (Hrsg.): *Spracherwerb und linguistische Theorien*. München: Piper Verlag, S. 174–212.

Regeln für die deutsche Rechtschreibung nebst Wörterverzeichnis (1902). Hgg. im Auftrage des Königlich Preußischen Ministeriums der geistlichen, Unterrichts- und Medizinal-Angelegenheiten. Neue Bearbeitung. Berlin: Weidmannsche Buchhandlung.

Reichardt, A. (2015): *Rechtschreibung im Textraum – Modellierungen der Schreibkompetenz in der Grundschule*. Duisburg: Gilles & Francke.

Reichardt, A. (2017): Fallbasierte Rechtschreibanalysen und strategievermittelnde Modellierung (ReMo) – Konzeption und Evaluation einer Lehrerfortbildung zum Recht-/Schreibunterricht. In: Siekmann, K.; Corvacho del Toro, I.; Hoffmann-Erz, R. (Hrsg.): *Schriftsprachliche Kompetenzen in Theorie und Praxis*. Tübingen: Stauffenburg, S. 215–230.

Reichardt, A. (2018): Die Wiederentdeckung des Grundwortschatzes. In: *Grundschulunterricht Deutsch 65*, H. 1, S. 4–7.

Reichen, J. (1988): *Lesen durch Schreiben. Wie Kinder selbstgesteuert lesen lernen*. H. 1. 3. Aufl. Zürich: Sabe.

Reißig, T. (2011): Zur Geschichte der deutschen Orthographie im 19. und 20. Jahrhundert. In: U. Bredel; T. Reißig (Hrsg.): *Weiterführender Orthographieerwerb* (DTP, Bd. 5). Baltmannsweiler: Schneider Hohengehren, S. 48–80.

Reining, Y. (2010): *Die Zusammensetzung von Rechtschreibfehlern nomaler und verzögerter Lerner unter qualitativem Aspekt*. Unveröff. wissensch. Hausarbeit zur Ersten Staatsprüfung. Frankfurt/M: Goethe-Universität.

Richter, S.; Brügelmann, H. (Hrsg.) (1996): *Mädchen lernen a n d e r s lernen Jungen*. Bottighofen: Libelle Verlag.

Riegler, S. (2016): Schrift gebrauchen – Schrift verstehen. In: Kruse, N.; Reichardt, A. (Hrsg.): *Wie viel Rechtschreibung brauchen Grundschulkinder?* Berlin: Schmidt, S. 55–66.

Riehme, J. (1987) *Rechtschreibunterricht. Probleme und Methoden.* Frankfurt/M.: Diesterweg [1. Aufl. 1986, Berlin: Volk und Wissen].
Riehme, J.; Heidrich, M. (1970): Die Fehlerursachen analysieren, um die Schwerpunkte der Übungen zu erkennen, I. Über die Verteilung von orthogr. u. gramm. Fehlern in den Kl. 4-10 u. den meth. Schlußfolgerungen, II. In: *Deutschunterricht* (Ost), H. 6–8, I.: S. 347–355, II.: S. 426–433.
Risel, H. (2011): *Arbeitsbuch Rechtschreibdidaktik.* 2. Aufl. Baltmannsweiler: Schneider Verlag.
Risel, H. (2017): Ist das Diktat tot? Aktuelle Varianten der Leistungsmessung im Alltag des Rechtschreibunterrichts. In: Siekmann, K.; Corvacho del Toro, I.; Hoffmann-Erz, R. (Hrsg.): *Schriftsprachliche Kompetenzen in Theorie und Praxis*. Tübingen: Stauffenburg, S. 167–175.
Röber, Ch. (2009): *Die Leistungen der Kinder beim Lesen- und Schreibenlernen: Grundlagen der Silbenanalytischen Methode*. Baltmannsweiler: Schneider Verlag.
Röber, Ch.; Olfert. H. (Hrsg.) (2015): *Schriftsprach- und Orthographieerwerb: Erstlesen, Erstschreiben*. Baltmannsweiler: Scheider Verlag.
Roten, S. (1571): *Ein Teutscher Dictionarius*. Augsburg: M. Manger.
Sasse, A.; Valtin, R. (Hrsg.) (2011): *Mädchen und Jungen in der Schule. Förderung von Lesekompetenz und Leseinteresse.* Berlin: DGLS.
Sasse, A.; Valtin, R. (2014a): Ein komplexer Lerngegenstand. Besonderheiten der Rechtschreibung und Folgerungen für den Unterricht. In: *Deutsch differenziert*, 9. Jg., H. 4, S. 10–12.
Sasse, A.; Valtin, R. (2014b): Rechtschreibdiagnose für freie Texte. Die Anwendung der Oldenburger Fehleranalyse (OLFA). In: *Deutsch differenziert*, 9. Jg., H. 4, S. 16–23.
Sasse, A.; Valtin, R. (2016): Häufige Schreibungen zuerst. Rechtschreiben lernen mit Graphemen und Morphemen. In: *Deutsch differenziert*, Heft 1/2016, S. 24–31.
Scharnhorst, J. (1993): Der Wortschatz unter dem Aspekt von Zentrum und Peripherie. In: G. Bartels, I. Pohl (Hrsg.): *Wortschatz – Satz – Text*. Frankfurt/M. u. a.: Lang, S. 63–76.
Scheerer-Neumann, G. (1986): Wortspezifisch: Ja – Wortbild: Nein. Ein letztes Lebewohl an die Wortbildtheorie. 1: Rechtschreiben. In: Brügelmann, H. (Hrsg.): *ABC und Schriftsprache*. Konstanz: Faude, S. 171–185.
Scheerer-Neumann, G. (1987): Kognitive Prozesse beim Rechtschreiben: Eine Entwicklungsstudie. In: Eberle, G.; Reiss, G. (Hrsg.): *Probleme beim Schriftspracherwerb*. Heidelberg: Edition Schindele, S. 193–219.
Scheerer-Neumann, G. (2000): Lese-Rechtschreib-Schwäche: Wo stehen wir heute? In: Thomé, G. (Hg.): *Lese-Rechtschreib-Schwierigkeiten und Legasthenie.* Weinheim: Beltz, S. 22–39.
Scheerer-Neumann, G. (2004): Lese-Rechtschreib-Schwäche: Wo stehen wir heute? In: Thomé, G. (Hrsg.): *Lese-Rechtschreib-Schwierigkeiten (LRS) und Legasthenie*. Weinheim, Basel: Beltz, S. 22–39.
Scheerer-Neumann, G. (2006): Lese-Rechtschreib-Schwierigkeiten. In: Kliewer, H.-J.; Pohl, I. (Hrsg.): *Lexikon Deutschdidaktik*. Bd. 1. Baltmannsweiler: Schneider Verlag, S. 423–425.

Scheerer-Neumann (2014): Punktgenau fördern! Warum? Ein historischer Rückblick und einige Daten. In: Schulte-Körne, G.; Thomé, G. (Hrsg.): *LRS – Legasthenie*. Oldenburg: isb-Fachverlag, S. 115–135.
Scheerer-Neumann, G. (2017): Anmerkungen zu Stufenmodellen des Schriftspracherwerbs. In: Siekmann, K.; Corvacho del Toro, I.; Hoffmann-Erz, R. (Hrsg.): *Schriftsprachliche Kompetenzen in Theorie und Praxis*. Tübingen: Stauffenburg, S. 73–85.
Scheerer-Neumann, G. (2018): *Lese-Rechtschreib-Schwäche und Legasthenie. Grundlagen, Diagnostik und Förderung*. 2., aktualisierte Aufl. Stuttgart: Kohlhammer.
Schneider, W. (2017): *Lesen und Schreiben lernen. Wie erobern Kinder die Schriftsprache?* Berlin: Springer.
Schneider, W.; Stefanek, J. (2007): Entwicklung der Rechtschreibleistung vom frühen Schul- bis zum frühen Erwachsenenalter: Längsschnittliche Befunde der Münchner LOGIK-Studie. In: *Zeitschrift für Pädagogische Psychologie* 21, H. 1, S. 77–82.
Schnitzler, C. (2013): Phonologische Bewusstheit und Schriftspracherwerb am Schulanfang und in der Schuleingangsphase. In: Ringmann, S.; Siegmüller, J. (Hrsg.): *Handbuch Spracherwerb und Sprachentwicklungsstörungen. Schuleingangsphase*. München: Urban & Fischer, S. 3–24.
Schottel, J. G. (1651): *Teutsche Sprach Kunst. Zum andern mahle heraus gegeben*. 2. Aufl. (1. Aufl. von 1641). Braunschweig: Zilliger (verfügbar über das Münchener Digitalisierungszentrum, Digitale Bibliothek).
Schulte-Körne, G. (2004): Lese-Rechtschreib-Störung – Symptomatik, Diagnostik, Verlauf, Ursachen und Förderung. In: Thomé, G. (Hrsg.): *Lese-Rechtschreib-Schwierigkeiten u. Legasthenie*. Weinh.: Beltz, S. 64–85.
Schulte-Körne, G. (2010): Diagnostik und Therapie der Lese-Rechtschreib-Störung. In: *Deutsches Ärzteblatt* 107, H. 41, S. 718–726.
Schulte-Körne, G. (Hrsg.) (2011): *Legasthenie und Dyskalkulie: Stärken erkennen – Stärken fördern*. Hgg. in Zusarb. mit dem Bundesverband Legasthenie und Dyskalkulie e. V. Bochum: Winkler.
Schulte-Körne, G. (2014): Aktuelle Entwicklungen zur Klassifikation und Definition der Lese-, der Rechtschreib- und der Lese-Rechtschreib-Störung. In: Schulte-Körne, G.; Thomé, G. (Hrsg.): *LRS – Legasthenie: interdisziplinär*. Oldenburg: isb-Fachverlag, S. 137–149.
Schulte-Körne, G.; Thomé, G. (Hrsg.) (2014): *LRS – Legasthenie: interdisziplinär*. Oldenburg: isb-Fachverlag.
Schwartz, E.; Winter, G.; Warwel, K. (1983): *Unser Grundwortschatz*. Arbeitsheft. Braunschweig: Westermann.
Siebs (1964/2000): *Deutsche Aussprache. Reine und gemäßigte Hochlautung mit Aussprachewörterbuch*. Hgg. v. Boor, H. de u. a. 19., umgearb. Aufl. Wiesbaden: VMA-Verlag. [Erstaufl. erschien 1964, Leipzig, Titel „*Deutsche Bühnenaussprache*"].
Siekmann, K. (2011): *Der Zusammenhang von Lesen und (Recht-)Schreiben. Empirische Überprüfung der Transferleistung zwischen der rezeptiven und der produktiven Fertigkeit*. Frankfurt/M. u. a.: Lang.

Siekmann, K. (2013): *Individuelle Diagnose und Förderung bei Rechtschreibschwierigkeiten.* Berlin: Cornelsen Verlag.
Siekmann, K. (2014a): Rechtschreibförderung auf der Basis individueller Fehleranalysen. Konzeption und erste Ergebnisse aus der Münsteraner Förderstudie. In: Schulte-Körne, G.; Thomé, G. (Hrsg.): *LRS – Legasthenie: interdisziplinär.* Oldenburg: isb-Fachverlag, S. 151–170.
Siekmann, K. (2014b): Kompetenzorientierte orthographische Individualförderung. Ergebnisse einer Förderstudie. Zur Förderung monolingualer und bilingualer Lerner/innen auf d. Basis der OLFA. In: Siekmann, K. (Hrsg.): *Theorie, Empirie und Praxis effektiver Rechtschreibdiagnostik.* Tübingen: Stauffenburg, S. 191–205.
Siekmann, K. (Hrsg.) (2014c): *Theorie, Empirie und Praxis effektiver Rechtschreibdiagnostik.* Tübingen: Stauffenburg.
Siekmann, K. (2015): Evidenzbasierte Förderung des Orthographieerwerbs auf der Grundlage individueller Fehleranalyse. In: Liebers, K. u. a. (Hrsg.): *Lernprozessbegleitung und adaptives Lernen in der Grundschule.* Wiesbaden: Springer, S. 199–204.
Siekmann, K. (2017): Eine multiperspektivische Häufigkeitsauszählung des Schreibwortschatzes von Schülerinnen und Schülern der Jahrgangsstufen 3–6. In: Siekmann, K.; Corvacho del Toro, I.; Hoffmann-Erz, R. (Hrsg.): *Schriftsprachliche Kompetenzen in Theorie und Praxis*. Tübingen: Stauffenburg, S. 49–60.
Siekmann, K. (2018): Der Wortschatz in freien Schülertexten. Eine neue Auszählung für die Erarbeitung von Grund-/Mindest- und Klassenwortschätzen. In: *Grundschulunterricht 65*, H. 1, S. 16–18.
Siekmann, K.; Corvacho del Toro, I. (2018): Individuelle Förderung bei Deutsch als Zweitsprache. In: *Grundschule*, Heft 6, S. 33–35.
Siekmann, K.; Thomé, G. (2018): *Der orthographische Fehler. Grundzüge der orthographischen Fehlerforschung und aktuelle Entwicklungen*. 2., aktual. Aufl. Oldenburg: isb-Fachverlag.
Siekmann, K.; Corvacho del Toro, I.; Hoffmann-Erz, R. (Hg.) (2017): *Schriftsprachliche Kompetenzen in Theorie und Praxis*. Tübingen: Stauffenburg.
Stang, Ch. (2011): *Konrad Duden und sein Wörterbuch – Wegbereiter der Einheitsschreibung*. Oldenburg: isb-Fachverlag.
Stanat, P.; Böhme, K.; Schipolowski, St.; Haag, N. (Hrsg.) (2016): *IQB–Bildungstrend 2015. Sprachkompetenzen am Ende der 9. Jahrgangsstufe im zweiten Ländervergleich*. Münster: Waxmann.
Steinig, W. (2017): *Grundschulkulturen. Pädagogik, Didaktik, Politik.* Berlin: Schmidt.
Steinig, W.; Betzel, D.; Geider, F. J.; Herbold, A. (2009): *Schreiben von Kindern im diachronen Vergleich. Texte von Viertklässlern aus den Jahren 1972 und 2002.* Münster u. a.: Waxmann.
Steinig, W.; Betzel, D. (2014): Schreiben Grundschüler heute schlechter als vor 40 Jahren? Texte von Viertklässlern aus den Jahren 1972, 2002 und 2012. In: Plewnia, A.; Witt, A. (Hrsg.): *Sprachverfall? IDS-Jahrbuch 2013*. Berlin u. a.: de Gruyter, S. 353–371.
Stetter, Ch. (1999): *Schrift und Sprache*. Frankfurt am Main: Suhrkamp.

Stieler, J. Ch. (1806): *Orthographisches Methodenbuch*. Jena: Eigenverlag.
Suchodoletz, W. v. (Hrsg.) (2006): *Therapie der Lese-Rechtschreibstörung (LRS): Traditionelle und alternative Behandlungsverfahren im Überblick.* 2., überarb. u. erw. Aufl. Stuttgart: Kohlhammer.
Suchodoletz, W. v. (Hrsg.) (2010): *Therapie von Entwicklungsstörungen. Was hilft wirklich?* Göttingen: Hogrefe.
Thomé, G. (1992): Alphabetschrift und Schriftsystem. Über die Prinzipien der Orthographie aus schrifthistorischer Sicht. In: *Zeitschrift für germanistische Linguistik*, H. 2, S. 210–226.
Thomé, G. (1996): „Schreiben durch Lesen“ oder „Lesen durch Schreiben“, Fibel oder Anlauttabelle? In: *Grundschulunterricht* 43, H. 1, S. 14–16.
Thomé, G. (1999): *Orthographieerwerb. Qualitative Fehleranalysen zum Aufbau der orthographischen Kompetenz*. Frankfurt/M.: Lang.
Thomé, G. (2000a): Linguistische und psycholinguistische Grundlagen der Orthografie: die Schrift und das Schreibenlernen. In: Valtin, R. (Hrsg.): *Rechtschreiben lernen in den Klassen 1–6*. Frankfurt/M.: Grundschulverband, Arbeitskr. Grundschule, S. 12–16.
Thomé, G. (2000b): Silbe oder Morphem? Ein Beitrag aus der vergleichenden Schriftgeschichte zur Frage der Silbenorientierung unserer Schrift. In: H. Balhorn; H. Giese; C. Osburg (Hrsg.): *Betrachtungen über Sprachbetrachtungen: Grammatik und Unterricht.* Hgg. i. A. der Dtschn. Gesell. für Lesen u. Schreiben, 9. Jahrb. Seelze/Velber: Kallmeyer, S. 106–113.
Thomé, G. (2000c): Möglichkeiten und Grenzen der Arbeit mit Anlauttabellen. In: Valtin, R. (Hrsg.): *Rechtschreiben lernen in den Klassen 1–6.* Frankfurt/M.: Grundschulverband, Arbeitskr. Grundschule, S. 116–118.
Thomé, G. (2001): Keilschrift oder Alphabet: eine Reflexion unterschiedlicher Schriftkonzepte. In: *Praxis Deutsch*, 28. Jg., H. 170, S. 48–51.
Thomé, G. (Hrsg.) (2004): *Lese-Rechtschreib-Schwierigkeiten (LRS) und Legasthenie*. Weinheim, Basel: Beltz.
Thomé, G. (2006): Entwicklung der basalen Rechtschreibkenntnisse. In: Bredel, U. u. a. (Hrsg.): *Didaktik der deutschen Sprache*. 2., durchges. Aufl. Paderborn u. a.: Schöningh, Band 1, S. 369–379.
Thomé, G. (2007): Rechtschreibung. In: Willenberg, H. (Hrsg.): *Kompetenzhandbuch für den Deutschunterricht*. Baltm.: Schneider, S. 168–175.
Thomé, G. (2014): Warum man das System des Deutschen nicht als silbisches bezeichnen kann. In: Siekmann, K. (Hrsg.): *Theorie, Empirie und Praxis effektiver Rechtschreibdiagnostik*. Tübingen: Stauffenburg, S. 13–27.
Thomé, G. (2017): *ABC und andere Irrtümer über Orthographie, Rechtschreiben, LRS/Legasthenie*. 4., erweit. Aufl. Oldenburg: isb-Fachverlag.
Thomé, G. (2018): Das Abc reicht nicht mehr. In: *Grundschule*, Heft 6, S. 25 bis 27.
Thomé, G.; Eichler, W. (2008): Rechtschreiben Deutsch. In: DESI-Konsortium (Hrsg.): *Unterricht und Kompetenzerwerb in Deutsch und Englisch. Ergebnisse der DESI-Studie (Deutsch Englisch Schülerleistungen International)*. Weinheim, Basel: Beltz, S. 104–111.

Thomé, G.; Gomolka, J. (2007): Rechtschreiben. In: Beck, B.; Klieme, E. (Hrsg.): *Sprachliche Kompetenzen. DESI (Deutsch Englisch Schülerleistungen International)*. Weinheim, Basel: Beltz, S. 140–146.
Thomé, D.; Thomé, G. (2013): *Ich bin heute*. Leseheft 3 nach dem Basiskonzept Rechtschreiben. Oldenburg: isb-Fachverlag.
Thomé, G.; Thomé, D. (2014): *Phoneme und Grapheme des Deutschen: drei Schaubilder. Was ist wie häufig?* DIN A2. Oldenburg: isb-Fachverlag.
Thomé, G.; Thomé, D. (2016): *Deutsche Wörter nach Laut- und Schrifteinheiten gegliedert. Einfaches und Schwieriges auf einen Blick erkennen*. Oldenburg: isb-Fachverlag.
Thomé, D.; Thomé, G. (2017a): *Rechtschreibförderung organisieren nach OLFA 3–9*. 3. Aufl. Oldenburg: isb-Fachverlag.
Thomé, G.; Thomé, D. (2017b): *OLFA 1–2: Oldenburger Fehleranalyse für die Klassen 1 und 2*. 4., verbess. Aufl. Oldenburg: isb-Fachverlag.
Thomé, G.; Thomé, D. (2017c): *OLFA 3–9: Oldenburger Fehleranalyse für die Klassen 3–9*. 5., verbess. Aufl. Oldenburg: isb-Fachverlag.
Thomé, G.; Thomé, D. (2019): *Häufige Wörter: Basiskonzept Rechtschreiben. Was ist einfach? Was ist schwierig? 2.*, verbess. Aufl. Oldenburg: isb-Fachverlag.
Thomé, G.; Corvacho del Toro, I.; Thomé, D. (2016): Grundlagen qualitativer Fehleranalysen. In: Hofmann, R.; Kalmár, M. (Hrsg.): *L–R–S: Lesen – Rechnen – Schreiben. Ein Handbuch*. Wien: Lernen mit Pfiff, S. 59–67 [aktual. Fassg. des gleichnamigen Beitrags in Schulte-Körne, G. (Hrsg.) (2011): *Legasthenie und Dyskalkulie*. Bochum: Winkler, S. 43–49].
Thomé, G.; Siekmann, K.; Thomé, D. (2016): Phonem-Graphem-Verhältnisse in der deutschen Orthographie. In: Hofmann, R.; Kalmár, M. (Hrsg.): *L–R–S: Lesen – Rechnen – Schreiben.* Wien: Lernen mit Pfiff, S. 101–114 [akt. Fassung des gleichn. Beitrags in: Schulte-Körne, G. (Hrsg.) (2011): *Legasthenie und Dyskalkulie*. Bochum: Winkler, S. 51–64].
Topsch, W. (2005): *Grundkompetenz: Schriftspracherwerb*. Luchterhand.
Topsch, W. (2006): Geschichte der Didaktik des Lesens. In: Bredel, U. u. a. (Hrsg.): *Didaktik der deutschen Sprache.* 2., durchges. Aufl. Paderborn u. a.: Schöningh, Bd. 1, S. 501–512.
Treiman, R. (1993): *Beginning to spell. A study of first-grade children.* New York, Oxford: Oxford University Press.
Treiman, R.; Kessler, B.; Pollo, T. C. (2006): Learning about the letter name subset of the vocabulary. In: *Applied Psycholinguistics* 27, S. 211–227.
Trubetzkoy, N. S. (1937): Über die neuere Kritik des Phonembegriffs. In: *Archiv für vergleichende Phonetik*, H. 1, S. 129–153.
Trubetzkoy, N. S. (1939/1989): *Grundzüge der Phonologie.* 7. Aufl. Göttingen: Vandenhoeck & Ruprecht.
Vachek, J. (1989): *Written Language Revisited*. Amsterdam: Benjamins.
Vachek, J. (1939/1976): Zum Problem der geschriebenen Sprache. In: J. Scharnhorst, E. Ising (Hrsg.) (1976): *Grundlagen der Sprachkultur. Beiträge der Prager Linguistik zur Sprachtheorie und Sprachpflege, Teil 1.* In Zusarb. mit K. Horálek, J. Kuchar [Originaltext 1939 in: Travaux du Cercle Linguistique de Prague, 8, S. 94–104]. Berlin: Akademie-Verlag, S. 229–239.

Vachek, J. (1994): Phonology and Graphemics. In: *The Prague School of Structural and Functional Linguistics*: A Short Introduction. P. A. Luelsdorff (Ed.): Amsterdam: Benjamins, S. 13–43.
Valtin, R. (1981): Zur Machbarkeit der Ergebnisse der Legasthenieforschung. In: Valtin, R.; Jung, U.; Scheerer-Neumann, G.: *Legasthenie in Wissenschaft und Unterricht*. Darmstadt: Wiss. Buchgesellschaft, S. 88–182.
Valtin, R. (1988): Schriftspracherwerb als Entwicklungsprozeß. In: *Grundschule 20*, H. 12, S. 12-16.
Valtin, R. (2000a): Schwierigkeiten beim Schriftspracherwerb. Hinweise und Hilfen für die Förderdiagnostik. In: Naegele, I. M.; Valtin, R. (Hrsg.): *LRS in den Klassen 1 bis 10*. Bd. 2. Weinheim, Basel: Beltz, S. 48–69.
Valtin, R. (2000b) (Hrsg.): *Rechtschreiben lernen in den Klassen 1–6*. Frankfurt/M.: Grundschulverb. – Arbeitskreis Grundschule.
Valtin, R. (2004): Das Konstrukt Legasthenie – Wem schadet es? Wem nutzt es? In: Thomé, G. (Hrsg.): *Lese-Rechtschreib-Schwierigkeiten (LRS) und Legasthenie*. Weinheim, Basel: Beltz, S. 56–63.
Valtin, R. (2006a): Methoden des basalen Lese- und Schreibunterrichts. In: Bredel, U. u. a. (Hrsg.): *Didaktik der deutschen Sprache*. 2., durchges. Aufl. Paderborn u. a.: Schöningh, Bd. 2, S. 760–771.
Valtin; R. (2006b): Förderung von Kindern mit Schwierigkeiten beim Schriftspracherwerb (LRS). In: Hofmann, B.; Sasse, A. (Hrsg.): Legasthenie. Berlin: DGLS, S. 127–148.
Valtin, R. (2009): *Brauchen wir die Legasthenie? Zum Konstrukt der Legasthenie*. 5. S. [verfügbar unter: http://www.pedocs.de/volltexte/2010/1469/pdf/brauchen_wir_die_legasthenieD_A.pdf; letzter Zugriff 5. 3. 2018].
Valtin, R. (2010): Phonologische Bewusstheit – eine notwendige Voraussetzung beim Lesen- und Schreibenlernen? In: *Leseforum*, 2/2010 [verfügbar www.forumlecture.ch/myUploadData/files/2010_2_Valtin_PDF.pdf, letzter Zugriff 8. 2. 2018].
Valtin, R. (2018): LRS und Legasthenie – Störung oder Schwierigkeit? In: *Grundschule*, Heft 6, S. 40–42.
Valtin, R.; Hofmann, B. (2009) (Hrsg.): *Kompetenzmodelle der Orthographie. Empirische Befunde und förderdiagnostische Möglichkeiten*. Berlin: Deutsche Gesellschaft für Lesen und Schreiben.
Valtin, R.; Sasse, A. (2018): Angemessen fördern – mithilfe des Stufenmodells. In: *Grundschule*, Heft 6, S. 12–15.ddreinssasse vlatin 14 b suchen
Valtin, R.; Voss, A. (2010): Rechtschreibung und Förderung – aktuelle Ergebnisse aus IGLU. In: *Grundschule Deutsch* 27, S. 42–43.
Valtin, R.; Naegele, I.; Thomé, G. (2000): Nicht nachahmenswert – vier Ärgernisse in Rechtschreibmaterialien. In: Valtin, R. (Hg.): *Rechtschreiben lernen in den Klassen 1–6*. Frankfurt/M.: Grundschulverband, S. 154 bis 158.
Valtin, R. u. a. (2003): Orthographische Kompetenzen von Schülerinnen und Schülern der vierten Klasse. In: Bos, W. u. a. (Hrsg.): *Erste Ergebnisse aus IGLU. Schülerleistungen am Ende der vierten Jahrgangsstufe im internationalen Vergleich*. Münster u. a.: Waxmann, S. 227–264.

Valtin, R.; Wagner, Ch.; Schwippert, K. (2005): Schülerinnen und Schüler am Ende der vierten Klasse – schulische Leistungen, lernbezogene Einstellungen und außerschulische Lernbedingungen. In: Bos, W. u. a. (Hrsg.): *IGLU. Vertiefende Analysen*. Münster u. a.: Waxmann, S. 187–239.

Valtin, R.; Voss, A.; Bos, W. (2015): Zur Diagnose von isolierten und kombinierten Leseproblemen. In: *Didaktik Deutsch*, Heft 39, S. 40–59.

Vennemann, Th. (1986): *Neuere Entwicklungen in der Phonologie*. Berlin, New York, Amsterdam: de Gruyter.

Vennemann, Th. (2010): Die Silbe in Akzent und Rhythmus. In: *Die Silbe im Anfangsunterricht Deutsch. Festschrift zum zehnjährigen Jubiläum des Lehrgangs ABC der Tiere*. Offenburg: Mildenberger, S. 85–106 [online verfügbar: https://www.academia.edu/6584446/Die_Silbe_in_Akzent_und_Rhythmus; letzter Zugriff 3. 3. 2018].

Vollständiges Orthographisches Wörterbuch für die Schule (1902). Durchgesehen und verbessert nach dem zweiten (geänd.) Neudruck des preußischen Regelbuchs und Wörterverzeichnisses. Leipzig: Bibliogr. Institut.

Wängler, H.-H. (1983): *Grundriss einer Phonetik des Deutschen, mit einer allgemeinen Einf. in die Phonetik*. 4., überarb. Auflage. Marburg: Elwert.

Walther, Ch. (1563): *Von unterscheid der Deudschen Biblien und anderer Büchern des Ehrnwirdigen und seligen Herrn Doct. Martini Lutheri*. Wittemberg: ohne Verlagsangabe.

Weimer, H. (1929): *Psychologie der Fehler*. 2., verbess. Aufl. Leipzig: Klinkhardt.

Weinhold, S. (2009): Effekte fachdidaktischer Ansätze auf den Schriftspracherwerb in der Grundschule. In: *Didaktik Deutsch* 27, S. 53–75.

Willenberg, H. (2007): Erhellende Resultate des DESI-Projektes für den Unterricht. In: Willenberg, H. (Hrsg.): *Kompetenzhandbuch für den Deutschunterricht*. Baltmannsweiler: Schneider Verlag, S. 175–180.

Wimmer, H.; Mayringer, H. (2002): Dysfluent reading in the absence of spelling difficulties: A specific disability in regular orthographies. In: *Journal of Educational Psychology* 94, pp. 272–277.

Wimmer, H.; Hartl, M.; Moser, E. (1990): Passen „englische" Modelle des Schriftspracherwerbs auf „deutsche" Kinder? In: *Zeitschrift für Entwicklungspsychologie und Pädagogische Psychologie 22*, H. 2, S. 136–154.

Wimmer, H.; Mayringer, H.; Landerl, K. (2000): The double deficit hypothesis and difficulties in learning to read a regular orthography. In: *Journal of Educational Psychology* 92, pp. 668–680.

Wiprächtiger-Geppert, M.; Riegler, S.; Freivogel, J. (2015): Erfassung des professionellen Wissens von Deutschlehrkräften zu Orthographie und Orthographieerwerb. In: Bräuer, Ch.; Wieser, D. (Hrsg.): *Lehrende im Blick*. Wiesbaden: Springer, S. 281–300.

Wolfen, J. Ch. (1749): *Unterricht zur Rechtschreibung der Deutschen Sprache*. Hof, Bayreuth: J. G. Vierling.

Wygotski, L. S. (1934/1971): *Denken und Sprechen*. 2., korr. Aufl. Frankfurt a. M.: Fischer [Russischer Originaltitel von 1934].

Sachregister

A

B

C

D

E

F

G

H

I

J

K

L

S

T

U

V

W

Z